学研 毎日のドリル

できたよ★シート

名前

べんきょうが おわった ページの ばんごうに
「できたよシール」を はろう!

スタート
がんばるぞ!
1
2
3
かくにんテスト
4
5
6
7
8
かくにんテスト
9
その ちょうし!
10
11
12
13
かくにんテスト
14
15
16
17
18
かくにんテスト
19
もうすぐ はんぶん!
20
21
22
23
24
かくにんテスト
25
あと ちょっと!
26
27
28
29
かくにんテスト
30
31
32
33
34
かくにんテスト
35
まとめテスト
36
ゴール

学研 毎日のドリルの

特長

やりきれるから自信がつく！

✓ 1日1枚の勉強で、学習習慣が定着！

◎目標時間に合わせ、無理のない量の問題数で構成されているので、「1日1枚」やりきることができます。

◎解説が丁寧なので、まだ学校で習っていない内容でも勉強を進めることができます。

✓ すべての学習の土台となる「基礎力」が身につく！

◎スモールステップで構成され、1冊の中でも繰り返し練習していくので、確実に「基礎力」を身につけることができます。「基礎」が身につくことで、発展的な内容に進むことができるのです。

◎教科書の学習ポイントをおさえられ、言葉の力や表現力も身につけられます。

✓ 勉強管理アプリの活用で、楽しく勉強できる！

◎設定した勉強時間にアラームが鳴るので、学習習慣がしっかりと身につきます。

◎時間や点数などを登録していくと、成績がグラフ化されたり、賞状をもらえたりするので、達成感を得られます。

◎勉強をがんばると、キャラクターとコミュニケーションを取ることができるので、日々のモチベーションが上がります。

学研

毎日のドリルの使《つか》い方《かた》

1 1日《にち》1枚《まい》、集中《しゅうちゅう》して解《と》きましょう。

◎**1回分《かいぶん》は、1枚《まい》（表《おもて》と裏《うら》）です。**

1枚《まい》ずつはがして使《つか》うこともできます。

◎**目標時間《もくひょうじかん》を意識《いしき》して解《と》きましょう。**

アプリのストップウォッチなどで、かかった時間《じかん》を計るとよいでしょう。

・「かくにんテスト」　ここまでの内容《ないよう》が身《み》についたかを確認《かくにん》しましょう。

・「まとめテスト」　最後《さいご》に、この本の内容《ないよう》を総復習《そうふくしゅう》しましょう。

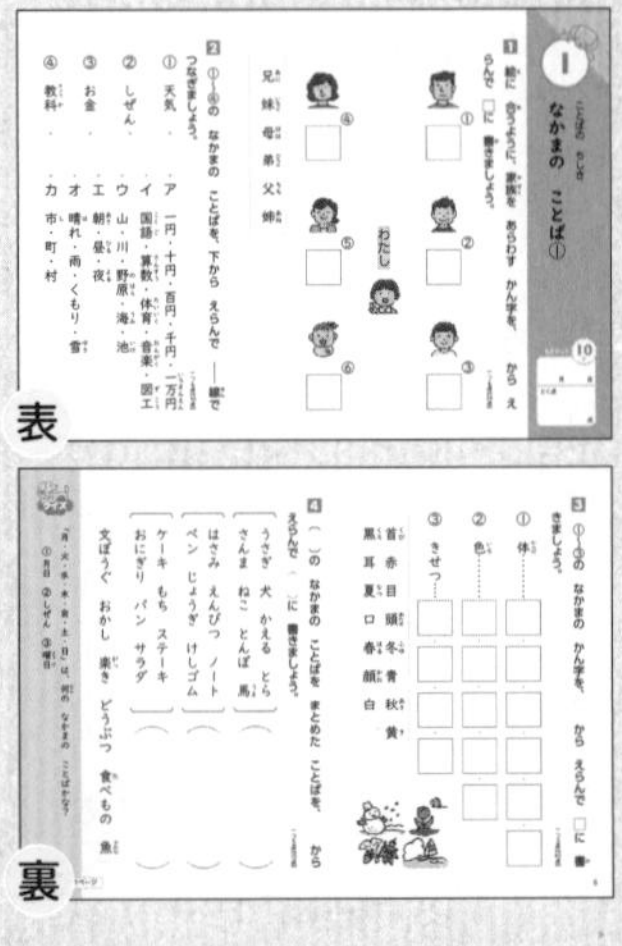

目標時間
表
裏

書く力
・文《ぶん》を書《か》くときに役立《やくだ》つ表現力《ひょうげんりょく》がつく問題《もんだい》です。

読む力
・文章《ぶんしょう》を読《よ》むときに役立《やくだ》つ言葉《ことば》の力《ちから》がつく問題《もんだい》です。

2 おうちの方《かた》に、答《こた》え合《あ》わせをしてもらいましょう。

・本《ほん》の最後《さいご》に、「答《こた》えとアドバイス」があります。

・答《こた》え合《あ》わせをして、点数《てんすう》をつけてもらいましょう。

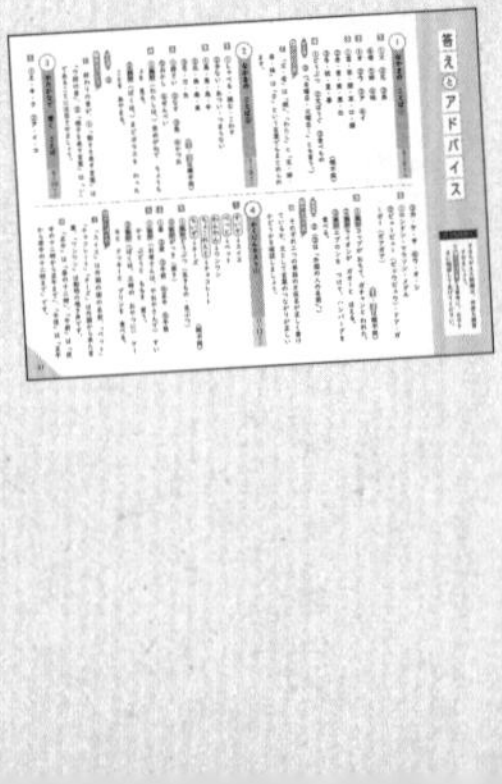

3 「できたよシート」に、「できたよシール」をはりましょう。

・勉強《べんきょう》した回《かい》の番号《ばんごう》に、好《す》きなシールをはりましょう。

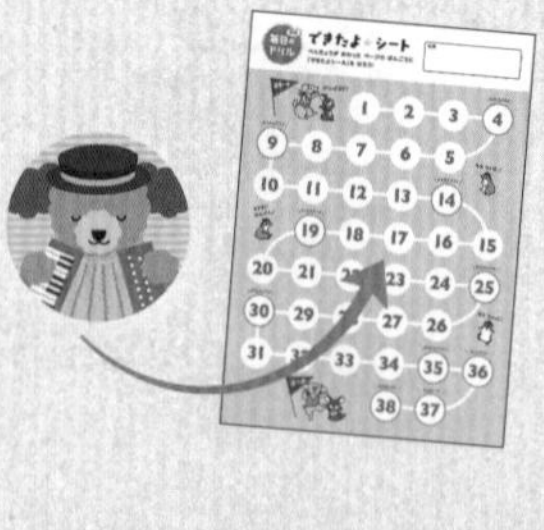

4 アプリに得点《とくてん》を登録《とうろく》しましょう。

・アプリに得点《とくてん》を登録《とうろく》すると、成績《せいせき》がグラフ化《か》されます。

・勉強《べんきょう》すると、キャラクターが育《そだ》ちます。

できなかった問題《もんだい》を解《と》き直《なお》すと、より力《ちから》がつくよ！

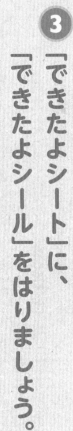

無料ダウンロード

毎日のドリル

勉強管理アプリ

アプリといっしょだと，ドリルが楽《たの》しく進《すす》む!?

毎日のドリル 勉強管理アプリ

「毎日《まいにち》のドリル」シリーズ専用《せんよう》,スマートフォン・タブレットで使《つか》える無料《むりょう》アプリです。
1つのアプリでシリーズすべてを管理《かんり》でき,学習習慣《がくしゅうしゅうかん》が楽《たの》しく身《み》につきます。

1 「毎日《まいにち》のドリル」の学習《がくしゅう》を徹底《てってい》サポート!

勉強中《べんきょうちゅう》
0分09秒
目標：10分00秒
目標時間《もくひょうじかん》を意識《いしき》しよう!

毎日《まいにち》の勉強《べんきょう》タイムをお知《し》らせする「タイマー」

かかった時間《じかん》を計《はか》る「ストップウォッチ」

勉強《べんきょう》した日《ひ》を記録《きろく》する「カレンダー」

入力《にゅうりょく》した得点《とくてん》を「グラフ化《か》」

2 キャラクターと楽《たの》しく学《まな》べる!

好《す》きなキャラクターを選《えら》ぶことができます。勉強《べんきょう》をがんばるとキャラクターが育《そだ》ち,「ひみつ」や「ワザ」が増《ふ》えます。

べんきょう がんばるっきゅ〜
28

3 1冊《さつ》終《お》わると,ごほうびがもらえる!

ドリルが1冊終《さつお》わるごとに,賞状《しょうじょう》やメダル,称号《しょうごう》がもらえます。

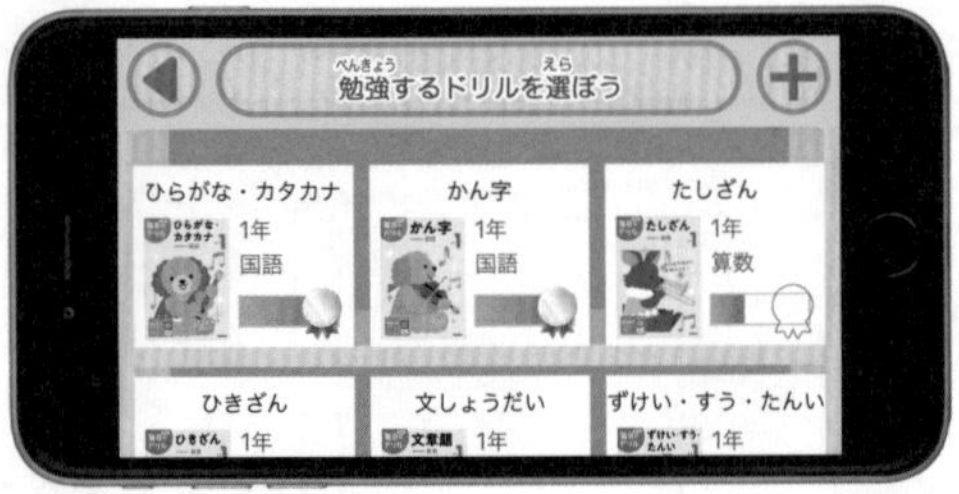
勉強《べんきょう》するドリルを選《えら》ぼう
ひらがな・カタカナ 1年 国語
かん字 1年 国語
たしざん 1年 算数
ひきざん 1年
文しょうだい 1年
ずけい・すう・たんい 1年

これは やる気《き》が でるっきゅ!

4 漢字《かんじ》と英単語《えいたんご》のゲームにチャレンジ!

ゲームで,どこでも手軽《てがる》に,楽《たの》しく勉強《べんきょう》できます。漢字《かんじ》は学年別《がくねんべつ》,英単語《えいたんご》はレベル別《べつ》に構成《こうせい》されており,ドリルで勉強《べんきょう》した内容《ないよう》の確認《かくにん》にもなります。

漢字のよみがなを当てよう
口 王 天 人
おう ひと くち てん
0分14秒
自己《じこ》ベスト更新《こうしん》を目指《めざ》そう!
単語のいみを当てよう
river cat egg
かわ ネコ さかな

アプリの無料《むりょう》ダウンロードはこちらから!
https://gakken-ep.jp/extra/maidori/

【推奨環境】
■ 各種Android端末：対応OS Android6.0以上 ※対応OSであっても,Intel CPU (x86 Atom)搭載の端末では正しく動作しない場合があります。
■ 各種iOS(iPadOS)端末：対応OS iOS10以上 ※対応OS や対応機種については,各ストアでご確認ください。
※お客様のネット環境および携帯端末によりアプリをご利用できない場合,当社は責任を負いかねます。
また,事前の予告なく,サービスの提供を中止する場合があります。ご理解,ご了承いただきますよう,お願いいたします。

1

ことばの ちしき

なかまの ことば①

もくひょう 10分

月　日

とく点

点

1 絵《え》に 合《あ》うように、家族《かぞく》を あらわす かん字を、□から えらんで □に 書《か》きましょう。 一つ4点【24点】

兄《あに》 妹《いもうと》 母《はは》 弟《おとうと》 父《ちち》 姉《あね》

2 ①～④の なかまの ことばを、下から えらんで ——線《せん》で つなぎましょう。 一つ4点【16点】

① 天気 ・

② しぜん ・

③ お金 ・

④ 教科《きょうか》 ・

・ア 一円・十円・百円・千円・一万円《いちまんえん》

・イ 国語《こくご》・算数《さんすう》・体育《たいいく》・音楽《おんがく》・図工《ずこう》

・ウ 山・川・野原《のはら》・海《うみ》・池《いけ》

・エ 朝《あさ》・昼《ひる》・夜《よる》

・オ 晴《は》れ・雨・くもり・雪《ゆき》

・カ 市《し》・町・村

3 ①〜③の なかまの かん字を、□ から えらんで □に 書《か》きましょう。

一つ3点【45点】

① 体《からだ》…… □・□・□・□・□

② 色《いろ》…… □・□・□・□・□

③ きせつ…… □・□・□・□

首《くび》 赤 目 頭《あたま》 冬《ふゆ》 青 秋《あき》 黄《き》
黒《くろ》 耳 夏《なつ》 口 春《はる》 顔《かお》 白

4 （　）の なかまの ことばを まとめた □ から えらんで （　）に 書きましょう。

一つ5点【15点】

うさぎ 犬 かえる とら
さんま ねこ とんぼ 馬《うま》
（　　　）

はさみ えんぴつ ノート
ペン じょうぎ けしゴム
（　　　）

ケーキ もち ステーキ
おにぎり パン サラダ
（　　　）

文ぼうぐ おかし 楽《がっ》き 生きもの 食《た》べもの 魚《さかな》

クイズ

「月・火・水・木・金・土・日」は、何《なん》の なかまの ことばかな？

① 月日 ② しぜん ③ 曜日《ようび》

答え ▶ 81ページ

2 ことばの ちしき

なかまの ことば②

もくひょう 10分

月　日

とく点　　点

1 ①・②の なかまの ことばを、□から 三つずつ えらんで（　）に 書《か》きましょう。　一つ4点【24点】

① うごきを あらわす ことば。

（　　）・（　　）・（　　）

② ようすを あらわす ことば。

（　　）・（　　）・（　　）

少《すく》ない	しゃべる	読《よ》む
こわす	あつい	つまらない

たとえば 「走《はし》る」は、うごきを あらわす ことばだね。

2 ①〜③の なかまの かん字を、下の □ から えらんで □ に 書きましょう。　一つ4点【44点】

① 生きもの　□・□・□・□

② 方角《ほうがく》　□・□・□・□

③ ぶき　□・□・□

矢《や》	東《ひがし》	鳥《とり》	南《みなみ》	弓《ゆみ》	北《きた》
牛《うし》	刀《かたな》	魚《さかな》	西《にし》	馬《うま》	

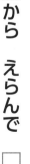

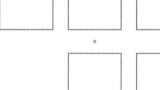

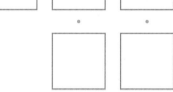

3

食《た》べものの なかまの ことばを ひょうに まとめました。□に 入る ことばを、□から えらんで 書《か》きましょう。

一つ4点【24点】

食べもの		
① □	③ □	⑤ □
だいこん・トマト ② □・ねぎ	まぐろ・いわし さば・④ □	あめ・⑥ □ クッキー・ケーキ

とり肉《にく》　おかし　くだもの　魚《さかな》
せんべい　なす　かつお　野《や》さい

ひょうの 上の ほうほど まとめて いう ことばに なって いるね。

書く力 4

①・②の うごきを あらわす ことばを つかって、絵《え》に 合《あ》う 文を 作《つく》りましょう。

一つ4点【8点】

①見る

わたしは、

②あやまる

ぼくは、

クイズ

「ジュース・お茶《ちゃ》・牛《ぎゅう》にゅう」は、何《なん》の なかまの ことばかな？

①おかし　②のみもの　③くだもの

答え ▶ 81ページ

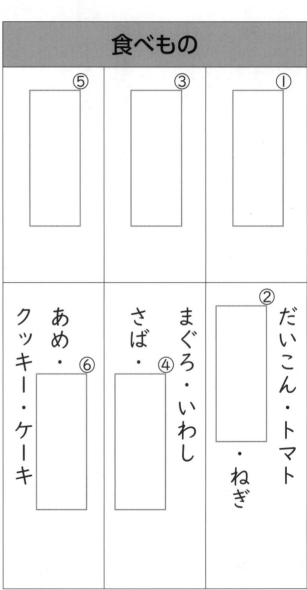

3 ことばの ちしき

かたかなで 書《か》く ことば

もくひょう 10分

月 日

とく点 点

1 □の かたかなで 書《か》く ことばを、①～④に 分《わ》けて、□に 記号《きごう》で 答《こた》えましょう。 一つ3点【36点】

ア バタン　イ ドンドン　ウ ニューヨーク
エ ヒヒーン　オ フランス　カ トランペット
キ ピヨピヨ　ク ニャーオ　ケ チョコレート
コ ガチャン　サ マフラー　シ ナイチンゲール

① どうぶつの 鳴《な》き声《ごえ》。…… □・□・□

② いろいろな ものの 音。…… □・□・□

③ 外国《がいこく》から 来《き》た ことば。…… □・□・□

④ 外国の、国《くに》や 土地《とち》の 名前《なまえ》、人の 名前。…… □・□・□

④は、国の 名前、土地の 名前、人の 名前が それぞれ 一つずつだよ。

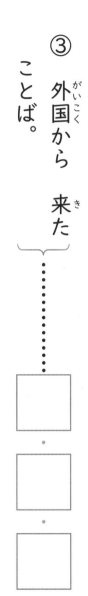

2

①・②の 文の 中から、かたかなで 書《か》く ことばを 三つずつ 見つけて、かたかなに 直《なお》して（　）に 書きましょう。 一つ5点【30点】

① ろんどんで まらそんたいかいでは、にっぽんの せんしゅが みごとに めだるを とりました。

（　　）・（　　）・（　　）

② かぜが びゅうびゅう ふいて、しいくごやの どあが あいたので、あひるが があがあ なきました。

（　　）・（　　）・（　　）

書く力 3

絵《え》の 中の 二つの かたかなの ことばを つかって、みじかい 文を 作《つく》りましょう。 ①一つ10点／②・③一つ12点【34点】

①
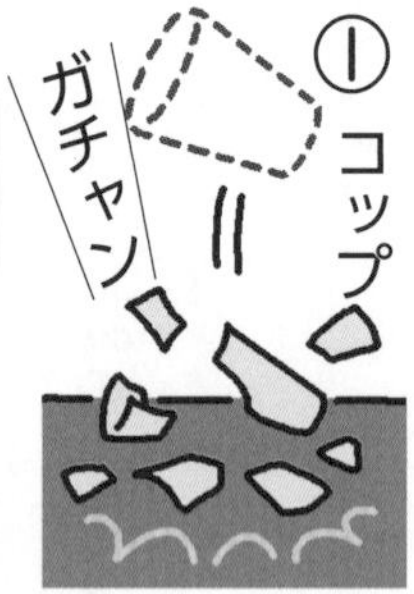
コップ
ガチャン

コップが

②

ガオー
ライオン

③

エプロン
ハンバーグ

クイズ

つぎの かたかなで 書く ことばで、外国《がいこく》から 来《き》た ことばは どれかな？

①ポロンポロン ②ピアノ ③モーツァルト

答え ▶ 81ページ

4 かくにんテスト①

名前

もくひょう 15分

月　日

とく点　点

読む力

1 つぎの 文章《ぶんしょう》から、かたかなで 書《か》く ことばを 五つ 見つけて □で かこみ、かたかなに 直《なお》して 書きましょう。 一つ7点【35点】

おとうさんが しゅっちょうさきの すいすから かえると、ぺっとの いぬが よろこんで わんわん ほえた。おみやげは ちょこれえとと ちいずで、どちらも とても おいしかった。

2 ①・②の 絵《え》の ものを まとめて よぶ ことばを 書きましょう。 一つ5点【10点】

①

②

3

つぎは、一日の 時間《じかん》たいの なかまの ことばです。□に 入る ことばを、□ から えらんで 書《か》きましょう。

一つ7点【35点】

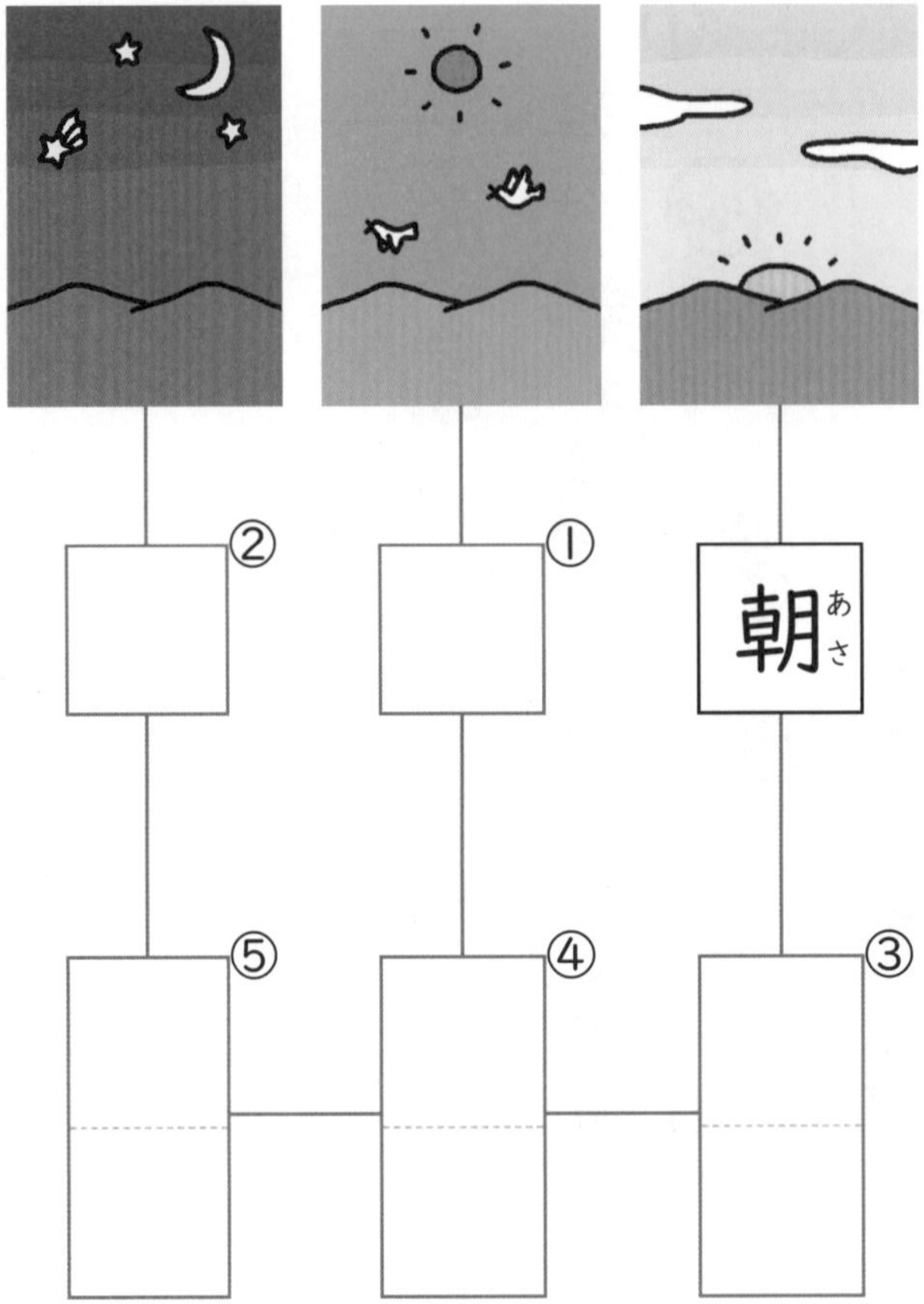

正《しょう》午《ご》　午《ご》後《ご》　午《ご》前《ぜん》　夜《よる》　昼《ひる》

書く力

4

①は くだものの なかまの ことばを、②は かたかなで 書く ことばを 三つずつ つかって、絵《え》に 合《あ》う 文を 作《つく》りましょう。

一つ10点【20点】

①

お母《かあ》さんは、やおやさんで

②

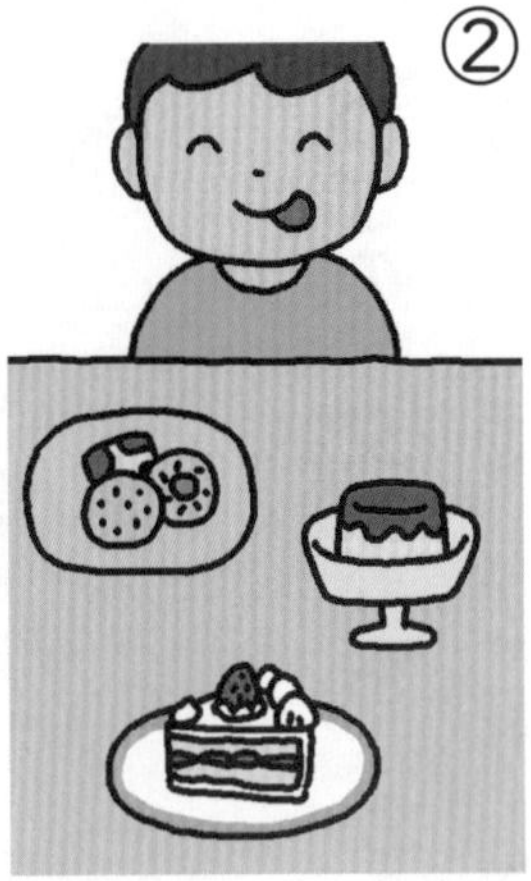

ぼくは、三時《さんじ》の おやつに

答え ▶ 81ページ

5 にた　いみの　ことば①

もくひょう 10分

月　日

とく点

点

1 ［　］の　ことばと　にた　いみの　ことばを、下から　えらんで　――線《せん》で　つなぎましょう。　一つ4点【16点】

① 先生に　言《い》う。　・　　・ア　楽《たの》しい

② きれいな　花が　さく。　・　　・イ　ひらく

③ ゆかいな　話《はなし》を　聞《き》く。　・　　・ウ　話《はな》す

④ ドアを　あける。　・　　・エ　うつくしい

2 ［　］から、にた　いみの　ことばの　組《くみ》を　四つ　作《つく》り、（　）に　書《か》きましょう。　一組《ひとくみ》6点【24点】

うるさい
びっくりする
むすぶ
すくう
しばる
おどろく
さわがしい
たすける

・（　　）と（　　）

・（　　）と（　　）

・（　　）と（　　）

・（　　）と（　　）

3 つぎの ことばと にた いみの ことばを、□から 二つずつ えらんで（　）に 書《か》きましょう。

一つ7点【42点】

① ぜんぶ＝（　　）・（　　）

② はねる＝（　　）・（　　）

③ しつもんする＝（　　）・（　　）

たずねる	みんな	話《はな》す	ジャンプする
とぶ	聞《き》く	すべて	たくさん

4 つぎの ――線《せん》の ことばと、いみが にて いる ほうの ことばに、○を つけましょう。

一つ6点【18点】

① さいふを おとす。
ア（　）へらす
イ（　）なくす

② ぼうを にぎる。
ア（　）つかむ
イ（　）なげる

③ 歌《うた》が うまい。
ア（　）おいしい
イ（　）上手《じょうず》だ

③「うまい」には、ア・イの 両方《りょうほう》の いみが あるね。ここでは、どちらの いみで つかわれて いるかな？

クイズ

「そそぐ」と にた いみの ことばは どれかな？

① こぼす　② とじる　③ つぐ

答え ▶ 82ページ

ことばの　ちしき

6 にた　いみの　ことば②

もくひょう 10分

月　日

とく点

点

1 （　）に　合《あ》う、□と　にた　いみの　ことばを、□から　えらんで　書《か》きましょう。

一つ6点【30点】

れい　にわに、（うつくしい）花が　さきました。　きれいな

① てきを　相手《あいて》に、（　　）たたかう。　ゆうかんに

② 山の（　　）から　けしきを（　　）。　てっぺん　見る

③ 夜空《よぞら》に　たくさんの　星《ほし》が（　　）。　光《ひか》る

④ びょういんでは、（　　）しよう。　しずかに

うつくしい	ながめる	いさましく
かがやく	ちょう上	おとなしく

2 文に　合う　ほうの　ことばに、○を　つけましょう。

一つ6点【18点】

① ゆかに　{（　）すわる。（　）こしかける。}

② 目を　{（　）とじる。（　）しめる。}

③ 手を　{（　）たたいて（　）なぐって}　よろこぶ。

どれも　にた　いみを　もつ　ことばだけど、文に　合うのは　どちらかな。

3

――線《せん》の ことばと にた いみの かたかなの ことばを、［　］から えらんで（　）に 書《か》きましょう。

一つ7点【28点】

日曜日《にちようび》に、お母《かあ》さんと ①買《か》いものに 行《い》きました。②かばんと ふくを 買いました。それから、③食《しょく》どうで ④昼《ひる》ごはんを 食《た》べました。

①（　　　　）
②（　　　　）
③（　　　　）
④（　　　　）

［バッグ　ランチ　ショッピング　デパート　レストラン］

書く力 4

つぎの ――線の ことばを にた いみの ことばに かえて、文全体《ぶんぜんたい》を 書き直《なお》しましょう。

一つ8点【24点】

① おかしを たくさん もらう。
（　　　　）
② 今日《きょう》の ことを 日記《にっき》に 記《しる》す。
（　　　　）
③ 遠足《えんそく》の したくを する。
（　　　　）

クイズ

「ただちに」と 同《おな》じように つかう ことばは どれかな？

① ついに　② すぐに　③ いっせいに

答え ▶ 82ページ

7 はんたいの いみの ことば①

もくひょう 10分

月 日

とく点 点

1 絵《え》に 合《あ》う 文に なるように、□から はんたいの いみの ことばの 組《くみ》を えらんで （ ）に 書《か》きましょう。 一組《ひとくみ》7点【14点】

① ぞうは （ ）が、 ありは （ ）。

② ごはんは （ ）が、 おかずは （ ）。

少《すく》ない　大きい　多《おお》い　小さい

2 □の ことばと はんたいの いみの ことばを、下から えらんで ——線《せん》で つなぎましょう。 一つ6点【30点】

① 力が 強《つよ》い。 ・　・ア 売《う》る

② へやが 広《ひろ》い。 ・　・イ 細《ほそ》い

③ その 場《ば》に 立つ。 ・　・ウ せまい

④ ひもが 太《ふと》い。 ・　・エ 弱《よわ》い

⑤ 本を 買《か》う。 ・　・オ すわる

3 ——線《せん》の　ことばと　はんたいの　いみの　ことばを、（　）に書《か》きましょう。

一つ7点【28点】

① にもつが　おもい。 ↔ （　　）

② 朝《あさ》、おきるのが　早い。 ↔ （　　）

③ 学校は、家《いえ》から　遠《とお》い。 ↔ （　　）

④ 新《あたら》しい　家に　すむ。 ↔ （　　）

4 ——線の　ことばと　はんたいの　いみの　ことばを、□に書きましょう。

一つ7点【28点】

① 電《でん》気《き》を　つけると　明《あか》るいが、けすと　□。

② シーソーで　一方《いっぽう》が　上がると、もう　一方は　□。

③ リボンは　みじかいが、糸《いと》は　□。

④ 兄《あに》は　外《そと》に　出るが、妹《いもうと》は　家《いえ》の　中に　□。

クイズ

「後半《こうはん》」と　はんたいの　いみを　もつ　ことばは　どれかな？

①半分　②中間《ちゅうかん》　③前半《ぜんはん》

答え ▶ 82ページ

ことばの　ちしき

8 はんたいの　いみの　ことば②

もくひょう 10分

月　日

とく点　　点

1

はんたいの　いみの　ことばの　組《くみ》に　なるように、□に　合《あ》う　ことばを、下の　□　から　えらんで　書《か》きましょう。　一つ4点【24点】

① □ ↔ 左

② □ ↔ 後《うし》ろ

③ 男 ↔ □

④ 上 ↔ □

⑤ 内《うち》 ↔ □

⑥ □ ↔ 子

女　前《まえ》　右　外《そと》　親《おや》　下

⑤せつ分《ぶん》の　まめまきの　とき、「ふくは　内。おには　○○。」と　言《い》うよね。

2

——線《せん》の　ことばと　はんたいの　いみの　ことばを、（　）に　書きましょう。　一つ6点【24点】

① しあいに　まける。 ↔ しあいに　（　　）。

② ドアを　あける。 ↔ ドアを　（　　）。

③ 朝《あさ》　早く　おきる。 ↔ 夜《よる》　早く　（　　）。

④ 玉が　水に　うく。 ↔ 玉が　水に　（　　）。

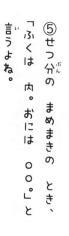

3

――線《せん》の ことばと はんたいの いみの ことばを、（　）に 書《か》きましょう。

一つ6点【30点】

①
(1) ぼうしを ぬぐ。 ↕ ぼうしを（　　）。
(2) ふくを ぬぐ。 ↕ ふくを（　　）。
(3) くつを ぬぐ。 ↕ くつを（　　）。

②
(1) 高《たか》い たてもの。 ↕ （　　）たてもの。
(2) 野《や》さいが 高い。 ↕ 野さいが（　　）。

①「ぬぐ」と、②「高い」は、つかい方《かた》に よって、はんたいの いみの ことばが ちがって くるよ。

書く力

4

――線の ことばを、はんたいの いみの ことばに かえて、文章全体《ぶんしょうぜんたい》を 書き直《なお》しましょう。

ぜんぶできて【22点】

森に 入り、すぐ 左に まがる。まっすぐ 行《い》くと、大きくて 新《あたら》しい 家《いえ》が 見える。

↓

森に

クイズ

「夏《なつ》は あつい。」の 「あつい」の、はんたいの いみの ことばは どれかな？

① つめたい ② さむい ③ うすい

答え ▶ 82ページ

9 かくにんテスト②

名前

もくひょう 15分

月　日

とく点　点

読む力 1

つぎの 文章《ぶんしょう》を 読《よ》んで、もんだいに 答《こた》えましょう。 一つ7点【49点】

朝《あさ》、(1)おきると、㋐お父《とう》さんが 朝食《ちょうしょく》を 作《つく》って いた。
(2)あつい みそしるや ㋑フルーツも あった。ぼくも
いつか りょう理《り》に ㋒チャレンジしたい。ごはんの
(3)後《あと》、くつを ぬいで、家《いえ》を 出た。

① ――線《せん》㋐～㋒と にた いみの ことばを、□ から えらんで （　）に 書《か》きましょう。

㋐（　　　）

㋑（　　　）

㋒（　　　）

ちょうせん　べん強《きょう》　父親《ちちおや》　木のみ　そ父《ふ》　くだもの

② 〰線(1)～(3)の はんたいの いみの ことばを （　）に 書きましょう。

(1)（　　　）

(2)（　　　）

(3)（　　　）

③ ぬいでを はんたいの いみの ことばに 直《なお》して、文の いみが 通《とお》るように しましょう。

・くつを（　　　）、家を 出た。

2 ■のことばとにたいみのことばを、□からえらんで（　）に書《か》きましょう。

一つ7点【35点】

①道《みち》のわきの小さな店《みせ》で食事《しょくじ》をした。②きれいな③ふうけいを見ながら食《た》べるオムレツは、④とても⑤うまくかんじた。

うつくしい　おいしく　道ろ　かわいい　もっと
けしき　ろう下　上手《じょうず》に　たいへん　しぜん

①（　　）
②（　　）
③（　　）
④（　　）
⑤（　　）

書く力
3 ①・②の――線《せん》と～～線のはんたいのいみのことばをつかって、絵《え》に合《あ》う文を作《つく》りましょう。

一つ8点【16点】

①

兄《あに》は、大きくて強《つよ》い。弟《おとうと》は、

②

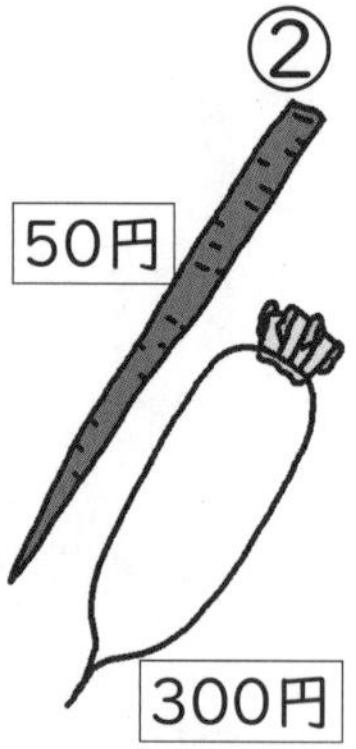

太《ふと》くて、高《たか》い大根《だいこん》。
ごぼう。

答え ▶ 82ページ

10 同《おな》じ 読《よ》みで いみの ちがう ことば

もくひょう 10分

月 日

とく点

点

1 ——線《せん》の ことばに 合《あ》う 絵《え》を、ア〜カから えらんで 記号《きごう》で 答《こた》えましょう。 一つ8点【48点】

①
(1) くらい 空から あめが ふって きた。
(2) いちごあじの あめを なめる。

②
(1) 大きな 川に はしを かける。
(2) おべん当《とう》に はしを つける。

③
(1) にわの かきが 赤く 色《いろ》づく。
(2) 大ぶりの かきが 水あげされた。

ア

イ

ウ

エ

オ

カ

2

二つの 絵《え》が あらわす ものを ひらがなで 書《か》くと 同《おな》じ ことばに なります。□に その ことばを 書きましょう。 一つ8点【16点】

①

②

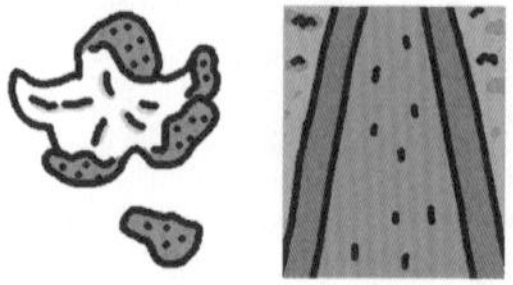

書く力 3

つぎの ひらがなで 書くと 同じに なる ことばを つかって、絵に 合《あ》う 文を 作《つく》りましょう。 一つ9点【36点】

① まく

(1)

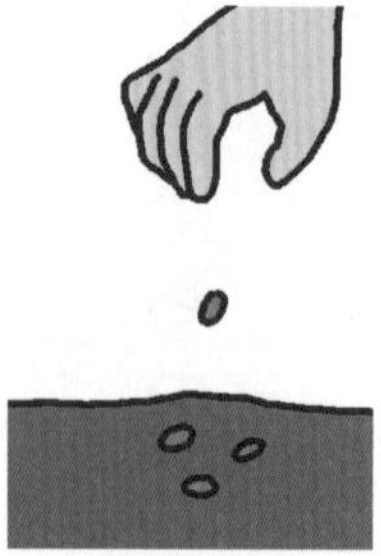

(2)

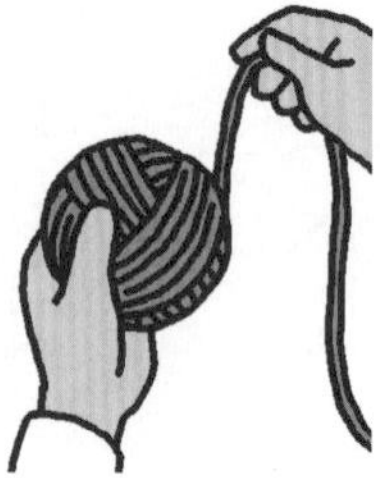

② きる

(1)

(2)

クイズ

つぎの 「はし」の うち、「はしっこ」の いみの ものは どれかな？

① はしで つまむ。
② 大きな はしを わたる。
③ 紙《かみ》の はしに 書く。

答え ▶ 83ページ

ことばの ちしき

11 組《く》み合《あ》わせた ことば

もくひょう 10分

月　日

とく点　点

1 ――線《せん》の ことばを、組《く》み合《あ》わせた ことばに して、（　）に 書《か》きましょう。

一つ6点【42点】

れい バットを ふって 回《まわ》す。→（ふり回す）

① どろを あらって ながす。→（　）

② へいを とんで こえる。→（　）

③ くりを ひろって あつめる。→（　）

④ 本を つんで かさねる。→（　）

⑤ さかを かけて 下りる。→（　）

⑥ はえを おって はらう。→（　）

⑦ 木を 切《き》って たおす。→（　）

れい は、「ふる」と「回す」の 二つの ことばを 組み合わせて、一つの ことばに して いるよ。

2

つぎの 二つの ことばを 組《く》み合《あ》わせて、一つの ことばを 作《つく》り、すべて ひらがなで 書《か》きましょう。

一つ8点【32点】

れい 金魚《きんぎょ》 ＋ はち → （きんぎょばち）

① 読《よ》む ＋ はじめる → （　　）

② 風《かぜ》 ＋ 車《くるま》 → （　　）

③ 船《ふね》 ＋ たび → （　　）

④ うすい ＋ くらい → （　　）

3 書く力

つぎの 組み合わせた ことばを つかって、絵《え》に 合う みじかい 文を 作りましょう。

一つ13点【26点】

① とびはねる

（　　）

② かきあつめる

（　　）

クイズ

「とぶ」と 「はこ」を 組み合わせた ことばは どれかな？

① とぶはこ　② とびはこ　③ とびばこ

答え ▶ 83ページ

12 音や ようすを あらわす ことば①

もくひょう 10分

月　日

とく点　　点

1 絵《え》に 合《あ》う、どうぶつの 鳴《な》き声《ごえ》や ものの 音を、□から えらんで（　）に 書《か》きましょう。 一つ6点【24点】

①（　　　）

②（　　　）

③（　　　）

④（　　　）

ニャーニャー　ドボン　カキーン　コケコッコー

2 上と 下で 合う ものを、――線《せん》で つなぎましょう。 一つ6点【30点】

① 風《かぜ》が ・　　・ア ずきずき いたむ。

② 小川が ・　　・イ すやすや ねむる。

③ 雨が ・　　・ウ そよそよ ふく。

④ 弟《おとうと》が ・　　・エ ざんざん ふる。

⑤ きずが ・　　・オ さらさら ながれる。

「ずきずき」や「すやすや」などが、ようすを あらわす ことばだよ。

3

つぎの 文に 合《あ》う ほうの ことばを、｛　｝から えらんで □で かこみましょう。

一つ7点【28点】

① 夜空《よぞら》の 星《ほし》が ｛きらきら／ぎらぎら｝ かがやく。

② 真夏《まなつ》の 太陽《たいよう》が ｛きらきら／ぎらぎら｝ てりつける。

③ 弟《おとうと》の パジャマは ｛ぷかぷか／ぶかぶか｝ だ。

④ 池《いけ》に ボールが ｛ぷかぷか／ぶかぶか｝ うかんで いる。

4

①〜③は、何《なに》を する ときの 音や ようすを あらわして いますか。□から えらんで （　）に 書《か》きましょう。

一つ6点【18点】

① ｛とことこ　ドタドタ　すたすた／てくてく　とぼとぼ　よろよろ｝ （　　）

② ｛がつがつ　ぱくぱく　カリカリ／ポリポリ　もぐもぐ　もりもり｝ （　　）

③ ｛ひらひら　バタバタ　ふわふわ／ブンブン　びゅーん　バサバサ｝ （　　）

わらう　とぶ　食《た》べる　話《はな》す　歩《ある》く

クイズ

つぎの 中で かたかなで 書く ことばは どれかな？

① ふわふわ　② ぽちゃん　③ ゆっくり

答え ▶ 83ページ

13 音や ようすを あらわす ことば②

もくひょう 10分

月　日

とく点　　点

1 つぎの ようすを あらわす ことばを、下から えらんで ——線《せん》で つなぎましょう。 一つ5点【35点】

① けむりが 上がる。 ・　・ア ぐらぐら

② 魚《さかな》が およぐ。 ・　・イ もくもく

③ おゆが にえたぎる。 ・　・ウ しくしく

④ 体《からだ》が ふるえる。 ・　・エ すいすい

⑤ とても つかれる。 ・　・オ ほかほか

⑥ パンが あたたかい。 ・　・カ ぶるぶる

⑦ 女の子が なく。 ・　・キ へとへと

2 つぎの ——線の 音を あらわす ことばで、強《つよ》い かんじの する ほうに、○を つけましょう。 一つ6点【18点】

①
ア（　） 戸《と》が カタカタ 鳴《な》る。
イ（　） 戸が ガタガタ 鳴る。

②
ア（　） せんべいを バリバリ かじる。
イ（　） せんべいを パリパリ かじる。

③
ア（　） 風《かぜ》が ヒューヒュー ふく。
イ（　） 風が ビュービュー ふく。

3

つぎの 文章《ぶんしょう》から ①には ようす、②には 音を あらわす ことばを、二つずつ 書《か》きぬきましょう。②は かたかなに 直《なお》して 書きましょう。

一つ5点【20点】

さっきまで 海《うみ》は きらきら
と 光《ひか》って いたのに、今《いま》は
雨が ざあざあ ふる 音が
聞《き》こえ、かみなりが ごろごろ
鳴《な》り出した。通《とお》りを 行《い》く 人
は すたすたと いそぎ足だ。

①

②

書く力

4

つぎの 音や ようすを あらわす ことばを つかって、絵《え》に 合《あ》う 文を 作《つく》りましょう。

一つ9点【27点】

① ドンドン
（　　　　　　　　）

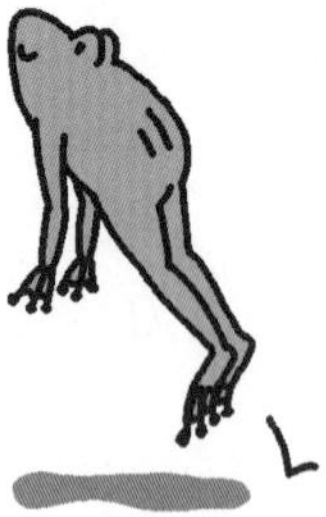

② ぴょんぴょん
（　　　　　　　　）

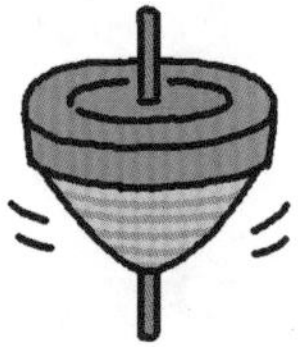

③ くるくる
（　　　　　　　　）

クイズ

とても うれしそうな ようすを あらわして いるのは どれかな？

① うろうろ　② うきうき　③ ひやひや

答え ▶ 83ページ

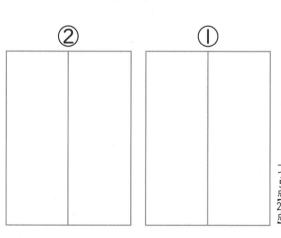

14 かくにんテスト③

名前

もくひょう 15分

月　日

とく点　　点

読む力

1 つぎの 文章《ぶんしょう》を 読《よ》んで、もんだいに 答《こた》えましょう。 一つ7点【28点】

電話《でんわ》の ベルが ㋐ 鳴《な》った。母《はは》は あわてて 出ると、㋑ 話《はな》しはじめた。

わたしは その 間《あいだ》、あまずっぱい みかんを 一人で 食《た》べて いた。

① □ ㋐・㋑に 入る 音や ようすを あらわす ことばを、□から えらんで 書《か》きましょう。

㋐（　　　）　㋑（　　　）

ぺらぺら　へらへら
リンリン　トントン

② 「あまずっぱい」は、何《なに》と 何の ことばを 組《く》み合《あ》わせた ことばですか。

（　　　）・（　　　）

2 つぎの 二つの ことばを 組み合わせて、一つの ことばを 作《つく》りましょう。 一つ8点【16点】

① おる ＋ たたむ → （　　　）

② 早い ＋ おきる → （　　　）

3 絵《え》に 合《あ》う ようすを あらわす ことばを、［　］から えらんで （　）に 書《か》きましょう。

一つ7点【28点】

①

木のみが （　　　） おちる。

②
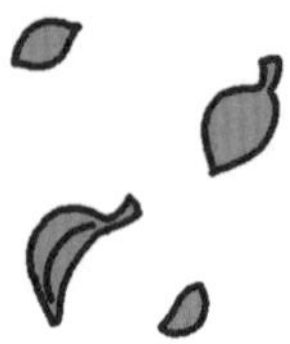
木のはが （　　　） まいちる。

③

つかれ切《き》って、（　　　） 歩《ある》く。

④

うでを ふり、（　　　） 歩く。

［ ひらひら　すたすた　ぽとんと　とぼとぼ ］

書く力

4 つぎの ひらがなで 書くと 同《おな》じに なる ことばを つかって、絵に 合う 文を 作《つく》りましょう。

一つ7点【28点】

① ふる

(1)

（　　　　　　　　）

(2)

（　　　　　　　　）

② かける

(1)

（　　　　　　　　）

(2)

（　　　　　　　　）

答え ▶ 83ページ

15 だれが どう する（主語《しゅご》・述語《じゅつご》）①

もくひょう 10分

月　日

とく点　　点

1 ①〜⑤の 絵《え》に 合《あ》うように、（　）に 入る ことばを、□から えらんで 書《か》きましょう。 一つ5点【25点】

① ボールが（　　　　）。（どう する）

② 男の子たちが（　　　　）。（どう する）

③ 風《かぜ》が（　　　　）。（どんなだ）

④ からすは（　　　　）。（どんなだ）

⑤ この 花は（　　　　）。（なんだ）

朝顔《あさがお》だ	走《はし》る	黒《くろ》い
さわやかだ	ころがる	

主語《しゅご》と 述語《じゅつご》

主語	述語
何《なに》が（は） だれが（は）	どう する。 どんなだ。 なんだ。

2 上に つづく ことばを、下から えらんで ——線《せん》で つなぎましょう。 一つ5点【20点】

① 池《いけ》の 水に はっぱが ・　　・ ほえる。

② げんかんで 犬が ・　　・ おそい。

③ トマトと レタスは ・　　・ 野《や》さいだ。

④ かめの 歩《あゆ》みは ・　　・ うかぶ。

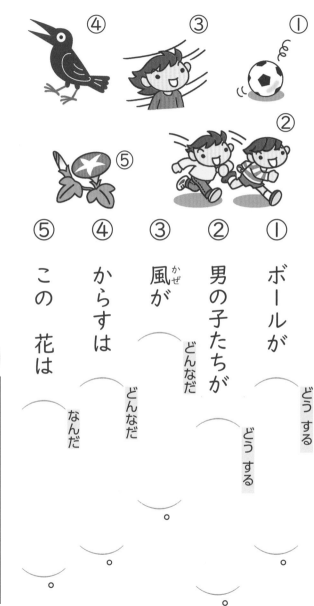

3 つぎの 文は、ア～ウの どの 形《かたち》に あたりますか。□から えらんで、記号《きごう》で 答《こた》えましょう。

一つ5点【15点】

① さくらは 木だ。……（　　）

② さくらが さく。……（　　）

③ さくらは きれいだ。…（　　）

ア 何《なに》が（は） どう する。

イ 何が（は） どんなだ。

ウ 何が（は） なんだ。

4 つぎの 文の、主語《しゅご》の 右がわには ――線《せん》を、述語《じゅつご》の 右がわには 〰〰線を、引《ひ》きましょう。

両方《りょうほう》できて 一つ5点【40点】

れい 夕日が しずむ。

① 犬が 走《はし》る。

② ばらは とても きれいだ。

③ ボールは 丸《まる》い。

④ コアラは どうぶつだ。

⑤ いわしは 魚《さかな》だ。

⑥ あれが デパートだ。

⑦ こおりは つめたい。

⑧ 夜空《よぞら》に 星《ほし》が 光《ひか》る。

クイズ

つぎの 中で、「だれは なんだ。」の 形の 文は どれかな？

① 兄《あに》は おだやかだ。 ② 兄は 出かけた。 ③ 兄は 中学生だ。

答え ▶ 83ページ

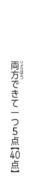

16 だれが どう する（主語《しゅご》・述語《じゅつご》）②

もくひょう 10分

月　日

とく点　　点

1 つぎの 文の 主語《しゅご》の 右がわには ——線《せん》を、述語《じゅつご》の 右がわには 〰〰線を 引《ひ》きましょう。

両方《りょうほう》できて 一つ6点【36点】

① 父《ちち》は けいさつかんです。

② ぼくは 図書館《としょかん》へ 出かけました。

③ 妹《いもうと》が ピアノを ひく。

④ 森は いつも しずかだ。

⑤ 夕日が 海《うみ》に しずむ。

⑥ へやが とても 明《あか》るい。

「〜へ」や 「〜を」「〜に」に あたる ことばは、主語や 述語では なくて、内《ない》ようを くわしく する ことばだよ。

2 □の 中の ことばを ならべかえて、主語と 述語が そろった 文を 作《つく》りましょう。

一つ8点【16点】

① 友《とも》だちと　あそぶ　わたしは、　公園《こうえん》で

（　　　　　　　　　　）

② 学校の　水は、　つめたい　プールの

（　　　　　　　　　　）

3 つぎの 文の 述語《じゅつご》の 右がわに、〰〰線《せん》を 引《ひ》きましょう。

一つ6点【30点】

① 先生が、山田《やまだ》さんの 名前《なまえ》を よんだ。

② 雨が しとしと ふる。

③ あさっては 日曜日《にちようび》だ。

④ 海《うみ》は とても おだやかだ。

⑤ 母《はは》が りょう理《り》を 作《つく》りはじめる。

述語は、「どう する」「どんなだ」「なんだ」に あたる ことばだよ。

読む力 4 つぎの 文章《ぶんしょう》を 読《よ》んで、もんだいに 答《こた》えましょう。

一つ6点【18点】

あしたは、どうぶつ村の 夏《なつ》まつり。どうぶつたちは、おまつりの 用意《ようい》で 大いそがしです。

ぞうさんは、力もちです。大きな はしらを はなで もち上げ、ぶたいを 作ります。

① （　）に、「どんなだ(です)」「なんだ(です)」に あたる ことばを 書《か》きぬきましょう。

・どうぶつたちは、（　　　　）。
どんなだ（です）

・ぞうさんは、（　　　　）。
なんだ（です）

② ぶたいを 作るのは、だれですか。

（　　　　）

クイズ

「ぼうしが □。」の □に 入る 述語として よいのは どれかな？

① かぶった ② とばされた ③ 買《か》った

答え ▶ 84ページ

17 文の きまり　だれが 何《なに》を どう する

もくひょう 10分

月　日

とく点　　点

1 絵《え》に 合《あ》う 文に なるように、（　）に 入る ことばを □ から えらんで 書《か》きましょう。（二回《にかい》 つかう ことばも あります。）　一つ6点【24点】

ぼくが ①（　　）を なげる。

父《ちち》は、②（　　）で ③（　　）を ④（　　）。

うける　ボール　グローブ

2 □に、「が」「を」の どちらかを 入れて、文を 作《つく》りましょう。　一つ5点【40点】

① 妹《いもうと》□ コップ□ おとす。

② コップ□ 母《はは》□ あらう。

③ ぼく□ ねこ□ だっこする。

④ にぼし□ ねこ□ 食《た》べる。

書《か》き入《い》れたら、声《こえ》に 出して 読《よ》んで、いみが 通《つう》じるか たしかめよう。

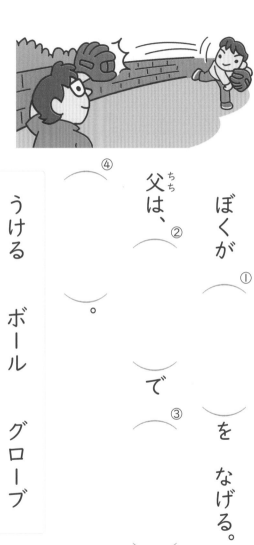

3 つぎの 文から、だれ(何《なに》)が 何を どう するに あたる ことばを 書《か》きぬきましょう。

一つ2点【18点】

① おじいさんが 口ぶえを ふく。

だれが（　　） 何を（　　） どう する（　　）

② 風《かぜ》が ぼうしを ふきとばす。

何が（　　） 何を（　　） どう する（　　）

③ 牛《うし》が 草を 食《た》べる。

何が（　　） 何を（　　） どう する（　　）

書く力 4 つぎの ㋐〜㋒から、ことばを 一つずつ えらんで、文を 三つ 作《つく》りましょう。(同《おな》じ ことばは 二回《にかい》 つかえません。)

一つ6点【18点】

㋐	㋑	㋒
月が・さけが・トラックが	川を・道《みち》を・にもつを	てらす・はこぶ・さかのぼる

・（　　）

・（　　）

・（　　）

クイズ

「小鳥《ことり》が □を あびる。」の □に 入る ことばは どれかな？

①空 ②水 ③木

答え ▶ 84ページ

18

文の きまり

だれが だれに 何《なに》を どう する

もくひょう 10分

月　日

とく点　　点

1 つぎの 文を 読《よ》んで、①～③の もんだいに 答《こた》えましょう。 一つ10点【30点】

みきさんが、お年よりに せきを ゆずります。

① だれが ゆずりますか。……（　　）

② だれに ゆずりますか。……（　　）

③ 何《なに》を ゆずりますか。……（　　）

「～が」「～に」「～を」に 注目《ちゅうもく》しましょう。

2 絵《え》を 見て、つぎの 形《かたち》の 文を 作《つく》りましょう。 一つ11点【22点】

①

・だれが だれに 何を どう する。

（　　）

②

・だれが だれに 何を どう する。

（　　）

3 つぎの 文から、㋐～㋒に あたる ことばを 見つけて 書《か》き ぬきましょう。

一つ3点【18点】

① ぼくが 森《もり》さんに メモを わたす。

㋐ だれが （　　）

㋑ だれに （　　）

㋒ どう する （　　）

② みんなに 先生が プリントを くばる。

㋐ だれが （　　）

㋑ だれに （　　）

㋒ どう する （　　）

書く力 4 □の ことばを ならべかえて、だれが だれに 何《なに》を どう する の 文を 作《つく》りましょう。

一つ10点【30点】

① 教《おそ》わる　ぼくが　九《く》九《く》を　父《ちち》に

（　　）

② 兄《あに》に　とどける　母《はは》が　べん当《とう》を

（　　）

③ かす　バッグを　姉《あね》が　妹《いもうと》に

（　　）

クイズ

「母が 兄の 本を 妹に わたす。」で、本を わたされたのは だれかな？

① 母　② 兄　③ 妹

答え ▶ 84ページ

19 かくにんテスト④

名前

もくひょう 15分

月 日

とく点 点

読む力 1 つぎの 文章《ぶんしょう》を 読《よ》んで、もんだいに 答《こた》えましょう。

一つ4点【44点】

ぼくは ㋐小学二年生だ。 五月に 子犬が ㋑生まれた。 子犬は まだ とても ㋒小さい。

(1) きのう、お母《かあ》さんが かぜで ねこんだ。

だから、子犬に ミルクを ぼくが やった。

(2) 子犬は とても おいしそうに ミルクを のんだ。

① ――線《せん》㋐～㋒の 述語《じゅつご》の 形《かたち》を 下から えらびましょう。

㋐ 小学二年生だ ・ ・どう する

㋑ 生まれた ・ ・どんなだ

㋒ 小さい ・ ・なんだ

② 〰線(1)・(2)の 文の 主語《しゅご》と 述語を 書《か》きぬきましょう。

(1) 主語…（ ） 述語…（ ）

(2) 主語…（ ） 述語…（ ）

③ ----線の 文から、㋐～㋓に あたる ことばを 書きぬきましょう。

㋐ だれが（ ） ㋑ 何《なに》に（ ） ㋒ 何を（ ） ㋓ どう する（ ）

2 つぎの 文の 主語《しゅご》の 右がわに ――線《せん》を、述語《じゅつご》の 右がわに 〰〰線を 引《ひ》きましょう。

両方《りょうほう》できて 一つ7点【14点】

① 空が まっかな 夕日に そまる。

② 来月《らいげつ》 ぼくは、ひこうきで 北海道《ほっかいどう》に 行《い》く。

3 つぎの 文を 読《よ》んで、もんだいに 答《こた》えましょう。

一つ6点【18点】

お母《かあ》さんが おじいちゃんに プレゼントを おくった。

① だれが おくりましたか。（　　）

② だれに おくりましたか。（　　）

③ 何《なに》を おくりましたか。（　　）

書く力 4 絵《え》を 見て、①〜③の 形《かたち》の 文を 作《つく》りましょう。

一つ8点【24点】

① 何が どう する。

（　　）

② 何が 何を どう する。

（　　）

③ だれが 何に 何を どう する。

（　　）

答え ▶ 84ページ

20 文の きまり
文と 文を つなぐ ことば

もくひょう 10分

月　日

とく点　　点

1 （　）には、「だから」か 「でも」が 入ります。文に 合《あ》う ほうの ことばを 書《か》きましょう。　一つ9点【18点】

① 雨が　ふり出した。（　　　）、しあいを　つづけた。

② 雨が　ふり出した。（　　　）、しあいを　中止《ちゅうし》した。

2 文の つながりを 考《かんが》えて、合う ほうの ことばを、◯で かこみましょう。　一つ8点【32点】

① 日が　くれた。{つまり／そして}、星《ほし》が　出た。

② この　米《こめ》は　おいしい。{そのうえ／それとも}、ねだんも　やすい。

③ 今日《きょう》は　あついね。{ところで／ところが}、今《いま》、何時《なんじ》？

④ 今日は、風《かぜ》が　強《つよ》い。{だから／なぜなら}、台風《たいふう》が　近《ちか》づいて　いるからだ。

3 　の ことばに つづく 文として、正しい ほうに ○を つけましょう。

一つ10点【30点】

① 水を やるのを わすれた。すると、
ア（　）花は かれなかった。
イ（　）花は かれて しまった。

② けさは ねぼうを した。けれども、
ア（　）学校に おくれなかった。
イ（　）学校に おくれて しまった。

③ 家《いえ》に わすれものを した。だから、
ア（　）いそいで 家に とりに 帰《かえ》った。
イ（　）そのまま 学校に 行《い》った。

②けれどもは 前《まえ》の 内《ない》ようから 考《かん》えると、ぎゃくの ことが あとに つづく ときに つかうよ。

書く力 4

①・②の ことばを つかって、絵《え》に 合《あ》う 文を 作《つく》りましょう。

一つ10点【20点】

① それとも

電車《でんしゃ》で 行こうか。

② それで

高《たか》い ねつが 出た。

クイズ

「ところが」と 同《おな》じ つなぎ方《かた》を する ことばは、どれかな？
① では　② しかし　③ それで

答え ▶ 84ページ

21 文の きまり

じゅんじょを あらわす ことば

もくひょう 10分

月　日

とく点　　点

1 （　）に 入る ことばを、□ から えらんで 書《か》きましょう。 一つ9点【27点】

（①　　）、わ切《ぎ》りに した いもに もようを ほります。

（②　　）、できた もように インクを つけます。

（③　　）、紙《かみ》に インクの めんを おしつけます。

つぎに　はじめに　おわりに

2 （　）に 入る ことばを、□ から えらんで 書きましょう。 一つ9点【27点】

① 一つ目の 道具《どうぐ》は、ボウルです。（　　）は、あわ立てきです。

② だい一《いち》に、早《はや》ね早起《お》きを 心《こころ》がけましょう。（　　）に、食《た》べすぎに ちゅういしましょう。

③ 一番目《いちばんめ》に ねずみが 門《もん》を くぐりました。（　　）に、牛《うし》が くぐりました。

だい二　二つ目　二番目

3 正しい 文章《ぶんしょう》に なるように、（　）に 番号《ばんごう》を 書《か》きましょう。

ぜんぶできて一つ8点【16点】

①
（　）さい後《ご》に 三角《さんかく》きんで 頭《あたま》を おおいます。
（　）まず、手を よく あらいます。
（　）それから、エプロンを みに つけます。

②
（　）つぎに、形《かたち》を はさみで 切《き》りぬく。
（　）おわりに、かべに 紙《かみ》を テープで はる。
（　）はじめに、紙に 線《せん》で 形を かく。
（　）三番目に、切りぬいた 紙に ねがいを 書く。

書く力

4 じゅんじょを あらわす □ の ことばを つかって、絵《え》に 合《あ》う 文を 作《つく》りましょう。

一つ10点【30点】

さいしょに　それから　さい後に

①

②

③

クイズ

①～③を つかって、じゅんじょを あらわす ときに、二番目に あたるのは どれ？

① つぎに　② まず　③ おわりに

答え ▶ 85ページ

文の きまり
たとえる 言《い》い方《かた》

もくひょう 10分

月　日

とく点　点

1 つぎの 文では、——線《せん》の ようすを、どのように たとえて いますか。たとえの 部分《ぶぶん》に 〰〰線を 引《ひ》きましょう。 一つ6点【30点】

① 弟《おとうと》が 石に なったように うごかない。

② 妹《いもうと》が ちょうのように まいおどる。

③ 雨が たきのように ふる。

④ 雨が バケツを ひっくりかえしたように ふる。

⑤ 教室《きょうしつ》が はちの すを つついたように さわがしい。

2 （　）に 入る ことばを、□ から えらんで 書《か》きましょう。 一つ5点【20点】

① りんごみたいな（　　）。

② おぼんみたいな（　　）。

③ 米《こめ》つぶみたいな（　　）。

④ こおりみたいな（　　）。

円い 月	つめたい 手
小さな 字	赤い ほお

上の ことばが、どんな ようすを たとえて いるかを 考《かんが》えよう。

3

——線《せん》の ことばに 気を つけて、（　）に 合《あ》う ことばを □から えらんで 書《か》きましょう。 一つ6点【30点】

① 羽《はね》のように（　　）コートを はおる。

② 矢《や》のように（　　）新《しん》かん線。

③ 海《うみ》のように（　　）心《こころ》の もちぬし。

④ 糸のように（　　）そうめん。

⑤ 太陽《たいよう》のように（　　）せいかくの 姉《あね》。

広《ひろ》い　明《あか》るい　かるい　はやい　細《ほそ》い

書く力

4

①・②の 「～のように」と いう たとえる 言《い》い方《かた》を つかって、絵《え》に 合《あ》う 文を 作《つく》りましょう。 一つ10点【20点】

① 石のように

② 風《かぜ》のように

クイズ

「からすのように □。」の □に 入る 色《いろ》は どれかな？

① 白い　② 青い　③ 黒《くろ》い

答え ▶ 85ページ

理由《りゆう》を せつ明《めい》する 言《い》い方《かた》

もくひょう 10分

月　日

とく点　点

1 理由《りゆう》を せつ明《めい》する 言《い》い方《かた》に なって いる 文の ほうに、○を つけましょう。 一つ8点【24点】

① ア（　）ちこくしたのは、電車《でんしゃ》が おくれました。
イ（　）ちこくしたのは、電車が おくれたからです。

② ア（　）風《かぜ》が 強《つよ》いのは、台風《たいふう》が 来《く》るからだ。
イ（　）風が 強いのは、台風が 来《き》た。

③ ア（　）ねぼうしたのは、夜《よ》ふかししたからです。
イ（　）ねぼうしたのは、夜ふかししたでしょう。

2 つぎの 理由を たずねる 文の 答《こた》えとして、合《あ》う ものを、□から えらんで 記号《きごう》で 答えましょう。 一つ8点【24点】

① どうして かさを もって いくのですか。……（　）

② なぜ 町に 人が 多《おお》いのですか。……（　）

③ どうして かみの毛《け》を 切《き》ったのですか。……（　）

ア もうすぐ 夏《なつ》で あつく なるからです。
イ 夜《よる》、近《ちか》くの 川原《かわら》で 花火大会《たいかい》が あるからです。
ウ 天気よほうで 午後《ごご》は 雨と 聞《き》いたからです。

3 ［　］の ことばを、「からです」を つかって、理由《りゆう》を せつ明《めい》する 言《い》い方《かた》に 書《か》き直《なお》しましょう。

一つ10点【30点】

① 目が 赤いのは、目に ごみが 入りました。

（　　　　　　　　　　　　　　）

② 人気が あるのは、話《はなし》が おもしろい。

（　　　　　　　　　　　　　　）

③ ぬれたのは、雨が ふり出しました。

（　　　　　　　　　　　　　　）

①と ③は、「〜ました。」と おわった ことを あらわす 言い方に なって いるよ。

書く力 **4** 絵《え》を 見て、①・②の しつもんに 答《こた》える 文を、「からです。」を つかって 書きましょう。

一つ11点【22点】

① なぜ ないて いるのですか。

それは、

② どうして ころんだのですか。

それは、

クイズ

つぎの 中で、理由を せつ明する 言い方では ないのは どれかな？

① さむい ためです ② さむかったです ③ さむいからです

答え ▶ 85ページ

24 丸《まる》・点《てん》・「」(かぎ)のつかい方《かた》

もくひょう 10分

月 日

とく点 点

1 つぎの 文が 読《よ》みやすく なるように、点《てん》(、)と 丸《まる》(。)を 一つずつ つけましょう。 両方《りょうほう》できて 一つ8点【24点】

れい 明日《あす》は、楽《たの》しい 遠足《えんそく》だ。

① わたしの 妹《いもうと》は もう すぐ 四《よん》さいに なる

② 雨が ふって きた ので 家《いえ》に 帰《かえ》った

③ 小学校の 運《うん》動《どう》会《かい》 では リレーで 活《かつ》やくした

点は いみの 切《き》れ目に、丸は 文の おわりに つけるよ。

2 ①・②の 文に 点(、)を 一つずつ つけて、(1)・(2)の それぞれの 絵《え》に 合《あ》う 文に 書き直《なお》しましょう。 一つ7点【28点】

① ここではきものをぬぐ。

(1) 

(2) 

② むこうにはたけがある。

(1) 

(2) 

3 つぎの 日記《にっき》の 文に、点《てん》(、)を 三つ、丸《まる》(。)を 一つ、れいのように 書《か》きくわえましょう。

一つ7点【28点】

五月九日 火《か》曜《よう》日《び》

きのう、（れい）学校から帰《かえ》った後《あと》すみれさんと一りん車のれんしゅうをしました何《なん》度《ど》もころびましたがだんだんうまくのれるようになったので楽《たの》しかったです。（れい）

書く力 4 つぎの 文は、会話《かいわ》の 部分《ぶぶん》の 書《か》き方《かた》が まちがって います。あとの ます目に、正しく 書き直《なお》しましょう。

ぜんぶできて【20点】

ぼくが、けんくんに、うちであそぼうよ。と言《い》うと、けんくんは、三時《さんじ》に行《い》くね。と答《こた》えました。

ぼくが、

会話は 行《ぎょう》を かえて、かぎ(「 」)を つけて 書くよ。

クイズ

文の いみの 切《き》れ目に つけるのは どれかな?

①丸 ②点 ③かぎ

答え ▶ 85ページ

25 かくにんテスト⑤

名前

もくひょう 15分

月　日

とく点　点

読む力 1

つぎの 文章《ぶんしょう》を 読《よ》んで、もんだいに 答《こた》えましょう。 一つ10点【40点】

リレーで 兄《あに》は、□のように あせを ながしながら 走《はし》った。とちゅう 先頭《せんとう》に 立った。□、さい後《ご》に ぬかれて 二着《にちゃく》に なった。ゴールの そばに いた 兄は とても くやしそうな 顔《かお》を して いた

① □に 合《あ》う ことばに、○を つけましょう。

（　）しずく　（　）つらら

（　）たき　（　）なみだ

② □に 合う ことばに、○を つけましょう。

（　）だから　（　）でも　（　）では

③ ――線《せん》の 文に、丸《まる》（。）と 点《てん》（、）を 一つずつ つけて 書《か》き直《なお》しましょう。

④ しつもんに、「からです」を つかって 答えましょう。

・お兄《にい》さんは、なぜ くやしそうだったのですか。

それは、さい後に

2 （　）に 入る ことばを、□から えらんで 書《か》きましょう。

一つ4点【12点】

①（　　　）、しせいよく 立ちます。②（　　　）、こしを ふかく おって おじぎを します。③（　　　）、また まっすぐ 立ちます。

さい後《ご》に　つぎに　まず

3 たとえる 言《い》い方《かた》として 正しく なるように、上と 下とを ——線《せん》で つなぎましょう。

一つ6点【24点】

① 春《はる》のように ・　　・ア かたくなった パン。

② 石のように ・　　・イ つまれた ゴミ。

③ 雪《ゆき》のように ・　　・ウ あたたかい 日。

④ 山のように ・　　・エ 白い うさぎ。

書く力 4 「一生けんめい 勉強《べんきょう》した。」に つづく 文を、①・②の ことばを つかって、絵《え》に 合《あ》うように 作《つく》りましょう。

一つ12点【24点】

① だから

（　　　　　　　　　　）一生けんめい 勉強した。

② しかし

（　　　　　　　　　　）一生けんめい 勉強した。

答え ▶ 85ページ

かん字の ちしき

画《かく》と 書《か》きじゅん

もくひょう 10分

月 日

とく点 点

1 つぎの かん字は 何画《なんかく》で 書《か》きますか。れい のように 答《こた》えましょう。

一つ4点【16点】

れい 七（2）画

① 土（ ）画　② 日（ ）画

③ 水（ ）画　④ 金（ ）画

2 ①〜⑤の 書きじゅんの きまりに 合《あ》うように、正しい 書きじゅんの ほうに ○を つけましょう。

一つ4点【24点】

① 上から 下へ 書く。

言　ア（ ）丶 亠 亠 言　イ（ ）丶 亠 亠 言

② 左から 右へ 書く。

林　ア（ ）一 木 木 林　イ（ ）一 木 木 林

③ よこから たてへ 書く。

千　ア（ ）ノ 亻 千　イ（ ）ノ 二 千

④ まん中から 左右へ 書く。

小　ア（ ）亅 小 小　イ（ ）ノ 小 小

⑤ つきぬける 画は さい後《ご》に 書く。

(1) 車　ア（ ）一 百 亘 車　イ（ ）一 百 亘 車

(2) 子　ア（ ）フ 了 子　イ（ ）フ 二 子

書きじゅんは とくべつな 書き方《かた》も 多《おお》いので、一つ 一つ 書いて おぼえよう。

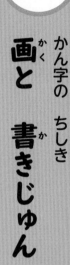

3 れいのように、かん字の 一画目《いっかくめ》を こく なぞり、全体《ぜんたい》の 画数《かくすう》を（ ）に 書《か》きましょう。 一つ5点【30点】

れい 目（5）画

① 右（ ）画　② 左（ ）画

③ 山（ ）画　④ 女（ ）画

⑤ 糸（ ）画　⑥ 馬（ ）画

4 書きじゅんの 正しい ほうに、○を つけましょう。 一つ5点【10点】

① 羽
ア（ ）𠃌 习 羽 羽
イ（ ）𠃌 习 习 羽

② 王
ア（ ）一 丅 干 王
イ（ ）一 二 干 王

5 つぎの かん字の 太《ふと》い 画は、何画目《なんかくめ》に 書きますか。 一つ5点【20点】

① 下（ ）画目　② 入（ ）画目

③ 年（ ）画目　④ 耳（ ）画目

クイズ

「出」の 赤い 画は 何画目に 書くかな？

① 一画目　② 三画目　③ 五画目

答え ▶ 86ページ

かん字の ちしき

27

同《おな》じ 部《ぶ》分《ぶん》を もつ かん字

もくひょう 10分

月　日

とく点　点

1 ①・②の □ には、それぞれ 同《おな》じ 部《ぶ》分《ぶん》を もつ かん字が 入ります。その 同じ 部分と、□ の かん字の 部分を 組《く》み合《あ》わせて できる かん字を 書《か》きましょう。　一つ4点【32点】

① 会　氏　泉　田

□《え》の具《ぐ》・画用《がよう》□《し》・

電《でん》□《せん》・□《ほそ》い

② 舌　吾　売　己

□《はな》す・国《こく》□《ご》・

□《よ》む・日《にっ》□《き》

2 つぎの かん字の 同じ 部分を、□ に 書きましょう。　一つ3点【18点】

れい　時・星……日

① 今・会……□

② 円・内……□

③ 汽・海……□

④ 学・字……□

⑤ 姉・妹……□

⑥ 森・本・村……□

かん字の 形《かたち》を よく 見くらべてね。

3 つぎの 読《よ》み方《かた》に 合《あ》う かん字が できるように、□に かん字の 部分《ぶぶん》を 書《か》きましょう。

一つ3点【18点】

① 亲□《おや》に 亲□《あたら》しい くつを 買《か》って もらう。

② 艹□《くさ》や 艹□《はな》に くわしい。

③ おり紙《がみ》で、亻□《なに》を 亻□《つく》るか 考《かんが》える。

4 つぎの 部分を もつ かん字を、□に 書きましょう。

一つ4点【32点】

① 辶

㋐ 一《いっ》□《しゅう》間《かん》

㋑ □《とお》い

㋒ □《とお》り道《みち》

㋓ □《ちか》い

〈辶の ヒント〉
甬 斤
袁 周

② 口

㋐ □《な》前《まえ》

㋑ □《ふる》い

㋒ □《だい》所《どころ》

㋓ □《みぎ》がわ

〈口の ヒント〉
ナ ム
十 タ

クイズ

□月・□翟・□寺の どの □にも あてはまる かん字の 部分は、どれかな？

① 日 ② 木 ③ 亻

答え ▶ 86ページ

28 組《く》み合《あ》わせて できて いる かん字

もくひょう 10分

月 日

とく点

点

1 つぎの 二つの かん字を 組《く》み合《あ》わせて、（ ）の ——線《せん》の 読《よ》み方《かた》を する かん字を 作《つく》りましょう。 一つ8点【40点】

れい 日 ＋ 月 → 明 （あか—るい）

① 木 ＋ 木 → □ （はやし）

② 糸 ＋ 会 → □ （え）

③ 七 ＋ 刀 → □ （き—る）

④ 田 ＋ 力 → □ （おとこ）

⑤ 山 ＋ 石 → □ （いわ）

二つの かん字は、左右だけで なく、上下に 組み合わせる ものも あるよ。

2 れい のように、つぎの かん字に ——線を 引《ひ》いて、二つの 部分《ぶぶん》に 分《わ》けましょう。 一つ5点【20点】

れい 休 音

① 鳴

② 答

③ 理

④ 草

3

□の かん字は、何《なに》と 何の かん字を 組《く》み合《あ》わせて できて いますか。それぞれの □に 書《か》きましょう。

一組《ひとくみ》5点【20点】

① 星 → □ □

② 読 → □ □

③ 聞 → □ □

④ 姉 → □ □

4

□の かん字と、下の ㋐・㋑の かん字を 組み合わせて できる かん字を、□に 書きましょう。

一つ5点【20点】

① 田 ＋ ㋐ 心 → □　＋ ㋑ 糸 → □

② 日 ＋ ㋐ 青 → □　＋ ㋑ 門 → □

組み合わせ方《かた》は、「上と 下」、「右と 左」、「外《そと》と 内《うち》」などが あるよ。

クイズ

「訁□」の □に 入って 正しい かん字を 作《つく》れる ものは どれかな？

① 十　② 貝　③ 千

答え ▶ 86ページ

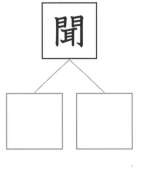

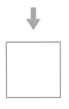

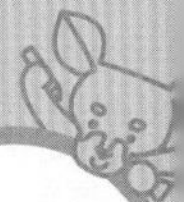

29 かん字の ちしき
形《かたち》の にて いる かん字

もくひょう 10分

月　日

とく点　　点

1 読《よ》み方《かた》に 合《あ》う ほうの かん字を、○で かこみましょう。 一つ5点【30点】

① ｛牛 午｝《ご》後《ご》六《ろく》時《じ》に ふろに ｛人 入｝《はい》る。

② ｛体 休｝《からだ》と かみの ｛手 毛｝《け》を あらう。

③ ｛王 玉｝《おう》さまが ｛刀 力｝《かたな》を 買《か》う。

2 かん字の 形《かたち》に ちゅういして、合う かん字を それぞれの □から えらんで □に 書《か》きましょう。 一つ5点【30点】

① ㋐□《ひゃく》円の ガム。 ㋑□《しろ》い 雲《くも》。

百　白

② 牛《ぎゅう》㋐□《にく》を 買《か》う。 はこの ㋑□《うち》がわ。

肉　内

③ ㋐□《ちい》さい 家《いえ》。 ㋑□《すく》ない 人数《にんずう》。

少　小

かん字の いみと 形を しっかり おぼえようね。

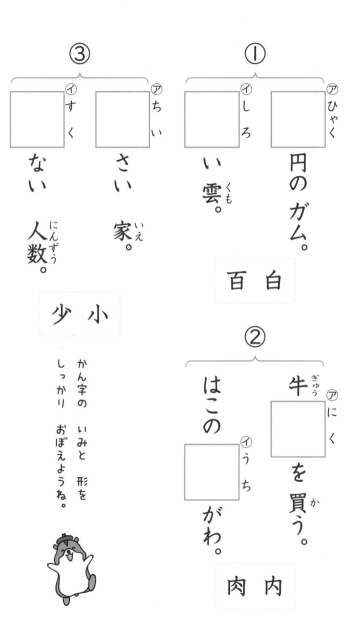

3 □に 合《あ》う かん字を、□から えらんで 書《か》きましょう。

一つ5点【20点】

① 店《みせ》の 前《まえ》で 足を □《と》める。……　正　止　上

② 正しい つかい □《かた》を 知《し》る。……　方　万

③ □《ふと》い ひもを 引《ひ》っぱり合う。……　太　大　犬

④ □《き》車が トンネルに 入る。……　気　汽

読む力 4 つぎの 文章《ぶんしょう》から まちがった かん字を 四つ さがして ○で かこみ、□に じゅんに 正しく 書き直《なお》しましょう。

一つ5点【20点】

生活科《せいかつか》の 時間《じかん》に 字校《がっこう》の 近《ちか》くの 川原《かわら》に 行《い》きました。そこで 九《まる》い 小右《こいし》を 貝《み》つけて 帰《かえ》りました。

□・□・□・□

クイズ

「□分《ぶん》で 考《かんが》える。」の □に 入る かん字は どれかな？

①首　②百　③自

答え ▶ 86ページ

30 かくにんテスト⑥

名前

もくひょう 15分

月　日

とく点　　点

読む力

1 つぎの 文章《ぶんしょう》から まちがった かん字を 六つ さがして ○で かこみ、□に じゅんに 正しく 書《か》き直《なお》しましょう。 一つ4点【24点】

朝早《あさはや》く りょう新《しん》と こん中《ちゅう》を さがしに、車《くるま》で 森《もり》に 行《い》きました。大《ふと》い 本《き》の みきに、カブトムシを 見《み》つけました。牛前中《ごぜんちゅう》には 家《いえ》に 帰《かえ》って 来《き》て、工《つち》で よごれた くつを あらいました。

□・□・□・□・□・□

2 同《おな》じ 部分《ぶぶん》に 気を つけて、□に かん字を 書きましょう。 一つ4点【40点】

① □《かたな》で □《き》る。

② □《ゆみ》を □《ひ》く。

③ □《は》れの □《ひ》。

④ □《まい》日 □《うみ》に 行く。

⑤ □《あめ》から □《ゆき》に かわる。

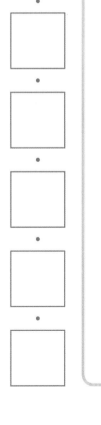

3 つぎの 二つの かん字を 組《く》み合《あ》わせて、（ ）の ——の 読《よ》み方《かた》を する かん字を 作《つく》りましょう。

一つ3点【12点】

① 王 ＋ 里 → □（り）

② 日 ＋ 月 → □（あかーるい）

③ 口 ＋ 鳥 → □（なーく）

④ 立 ＋ 日 → □（おと）

4 つぎの かん字の 太《ふと》い 画《かく》は、何画目《なんかくめ》に 書《か》きますか。

一つ3点【12点】

① 学（ ）画目

② 図（ ）画目

③ 赤（ ）画目

④ 長（ ）画目

5 書きじゅんの 正しい ほうに、○を つけましょう。

一つ3点【12点】

① 丸
ア（ ）乙九丸
イ（ ）丿九丸

② 何
ア（ ）亻仁仃何
イ（ ）亻仁佢何

③ 角
ア（ ）⺈⺈角角角
イ（ ）⺈⺈角角角

④ 母
ア（ ）𠃋𠃌母母母
イ（ ）𠃋𠃌母母母

答え ▶ 86ページ

31 いろいろな 読《よ》み方《かた》を もつ かん字

もくひょう 10分

月 日

とく点 点

1 「上」と「下」の 読《よ》み方《かた》を、（ ）に 書《か》きましょう。 一つ3点【39点】

上

① 上を むく。（ ）

② 上ぎを きる。（ ）

③ 顔《かお》を 上げる。（ ）

④ さかを 上る。（ ）

⑤ ビルの 屋《おく》上。（ ）

⑥ 川上に 行《い》く。（ ）

下

① 下に 下りる。（ ）（ ）

② 頭《あたま》を 下げる。（ ）（ ）

③ さかを 下る。（ ）

④ ろう下に 出る。（ ）

⑤ すぐ 下山する。（ ）

⑥ 川下に ながれる。（ ）

2 ――線《せん》の かん字の 読み方を、（ ）に 書きましょう。 一つ4点【16点】

①

何事《ごと》も ない。（ ）（ ）

何回《かい》も やる。（ ）（ ）

②

魚を つる。（ ）（ ）

魚市場《いちば》。（ ）（ ）

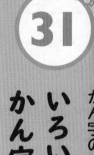

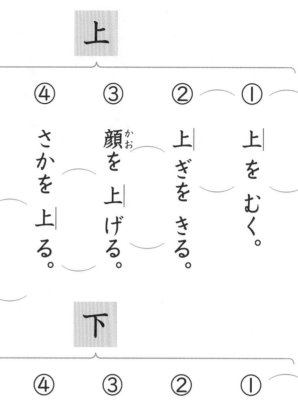

3 ――線《せん》の 読《よ》みかたを する 同《おな》じ かん字を、□に 書《か》きましょう。

一つ3点【21点】

① ゆう人 ／ ともだち　□

② や草 ／ の山　□

③ もう筆《ひつ》 ／ け虫　□

④ ほう角《がく》 ／ 見かた　□

⑤ し長《ちょう》 ／ 朝《あさ》いち　□

⑥ 白ちょう ／ 小とり　□

⑦ 会《かい》じょう ／ ば合《あい》　□

二つの 読みかたを よく 読んで 答《こた》えよう。

読む力 4 つぎの 文章《ぶんしょう》を 声《こえ》に 出して 読み、――線の 読みかたを （ ）に 書きましょう。

一つ4点【24点】

わたしは、①八月八日の ②日曜日に ③八さいに なりました。④三角形の ケーキを 食《た》べて、花の ⑤形の かみかざりと、⑥人形を もらいました。

①（　　）　②（　　）　③（　　）

④（　　）　⑤（　　）　⑥（　　）

クイズ

「音色《いろ》」の 「音」の 読みかたは どれかな？

①おん　②おと　③ね

答え ▶ 86ページ

32 同《おな》じ 読《よ》み方《かた》を する かん字

もくひょう 10分

月　日

とく点

点

1 　の 読《よ》み方《かた》を する かん字を □に 書《か》き分《わ》けて、正しい 文に しましょう。 一つ4点【24点】

① ちょう

早《そう》□、白《はく》□を 見て いたら、園《えん》□さんに 声《こえ》を かけられた。

② こう

学《がっ》□の 遠足《えんそく》で、広《ひろ》い □園《えん》と、おかし□場《じょう》の 見学に 行った。

2 つぎの かん字の もつ 同《おな》じ 読み方を、ひらがなで （　）に 書きましょう。 一つ5点【20点】

① 頭・当・答（　　）

② 名・明・鳴（　　）

③ 天・店・点（　　）

④ 森・新・心（　　）

いくつか ある 読み方から きょう通《つう》する ものを 答《こた》えよう。

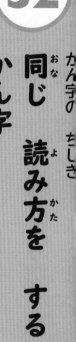

3 □に 入る かん字を、□から えらんで 書《か》きましょう。

一つ4点【16点】

① すきな 作《さっ》□の 本。

② □石《せき》を くだく。

③ □画《が》を 見る。

④ 汽《き》□に のる。

火	家
科	花

顔	丸
元	岩

絵	会
海	回

線	千
船	先

①は、どの かん字も 「か」の 読《よ》み方《かた》を もって いるね。

4 □の 読み方を する かん字を、□に 書きましょう。

一つ4点【40点】

① せい

㋐ かい□
＊かいせい…よく はれる こと。

㋑ □春《しゅん》
＊せい春…人生の わかい じき。

㋒ 火《か》□

㋓ □門《もん》

㋔ 音《おん》□
＊音せい…こえや 音。

② し

㋐ □内《ない》

㋑ 男《だん》□

㋒ □月《がつ》

㋓ 中《ちゅう》□

㋔ 新聞《しんぶん》□

クイズ

——線《せん》の かん字で、「がく」と 読まない ものは どれかな？

① 直《ちょっ》角　② 音楽　③ 通《つう》学

答え ▶ 87ページ

おくりがな

もくひょう 10分

月　日

とく点　　点

1 おくりがなに 気を つけて、――線《せん》の かん字の 読《よ》み方《かた》を 書《か》きましょう。 一つ5点【40点】

①
弟《おとうと》が 生まれる。（　　）
長《なが》く 生きる。（　　）
草が 生える。（　　）

②
明かりを つける。（　　）
へやが 明るい。（　　）
明らかに わるい。（　　）

③
おふろに 入る。（　　）
はこに 入れる。（　　）

おくりがなは、かん字の 後《あと》に つけて、読み方を はっきり させる かなの ことだよ。

2 下の □ の ことばの おくりがなに 注目《ちゅうもく》して、正しい 文に なる ように、上と 下を ――線で むすびましょう。 両方《りょうほう》できて 一つ6点【12点】

①
(1) 草の めが ・　　・ 出す。
(2) 草が めを ・　　・ 出る。

②
(1) 風車《かざぐるま》が ・　　・ 回《まわ》す。
(2) 風車を ・　　・ 回る。

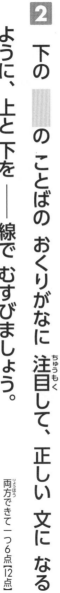

3 おくりがなに 気を つけて、——線《せん》の ことばを、かん字と おくりがなで 書《か》きましょう。 一つ5点【30点】

①
(1) 道《みち》を おしえる。
(2) 道を おそわる。

②
(1) ほそい 糸を つかう。
(2) もようが こまかい。

③
(1) パーティーに いく。
(2) 話《はな》し合《あ》いを おこなう。

読む力
4 つぎの 文章《ぶんしょう》から おくりがなを まちがえて いる かん字を 三つ さがして、じゅんに 正しく 書き直《なお》しましょう。 一つ6点【18点】

家《いえ》に 走《はし》って 帰《か》えって にもつを 下《お》ろすと、友《とも》だちが 三人 来《き》た。 二チームに 分《わ》かれて、ゲームを した。 おやつは 少《すく》く なったけれど、楽《たの》しかった。

れい 帰って

クイズ
「みずから おこなう。」の 「みずから」 の おくりがなの つけ方《かた》で、正しいのは どれかな?
① 自ずから ② 自から ③ 自ら

答え ▶ 87ページ

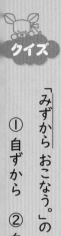

34 二つの かん字で できて いる ことば

もくひょう 10分

月　日

とく点　点

1 □の 上と 下の かん字を 組《く》み合《あ》わせて、二つの かん字で できて いる ことばを 作《つく》りましょう。 一つ4点【24点】

名 公 先 雨 谷 弓

生 天 川 前 矢 園

二つの かん字で できて いる ことばは、「二字じゅく語《ご》」とも言《い》うよ。

2 つぎの いみの かん字 二字の ことばを □に、その 読《よ》み方《かた》を（ ）に 書《か》きましょう。 一つ3点【24点】

れい 子どもの 馬《うま》。 → 子馬（こうま）

① 毛《け》の 糸。 →

② 白い 線《せん》。 →

③ 大きな 木。 →

④ 海《うみ》の 水。 →

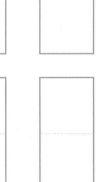

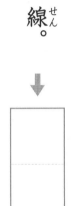

3 つぎの□に 入る 同《おな》じ かん字を、下の□から えらんで、□に 書《か》きましょう。

一つ4点【12点】

① 夜《よ》□・青《あお》□・夏《なつ》□……□

② 今《こん》□・先《せん》□・来《らい》□……□

③ □日《ひ》・□市《いち》・□食《しょく》……□

週 空 毎 朝 昼

入る かん字は、読《よ》み方《かた》が ちがう ことも あるよ。

4 つぎの いみの ことばを、かん字 二字で 書きましょう。

一つ4点【16点】

① 小さな 石。

② 高《たか》い 山。

③ 休みの 日。

④ 日の 光《ひかり》。

5 れい のように、つぎの ことばの いみを 書きましょう。

一つ4点【24点】

れい 小鳥《ことり》＝（小さな 鳥。）

① 古本《ふるほん》＝（　）

② 牛肉《ぎゅうにく》＝（　）

③ 多数《たすう》＝（　）

④ 大国《たいこく》＝（　）

⑤ 親友《しんゆう》＝（　）

⑥ 強風《きょうふう》＝（　）

クイズ

「首《くび》」の 上に つけて、一つの ことばに ならないのは どれかな？

①耳 ②手 ③足

答え ▶ 87ページ

35 かくにんテスト⑦

名前

もくひょう 15分

月　日

とく点

点

読む力

1 つぎの 文章《ぶんしょう》の（　）に 合《あ》う おくりがなを、□から えらんで 書《か》きましょう。 一つ4点【12点】

もうすぐ 子牛《こうし》が 生（①）。子牛は、生（②）ために 自分《じぶん》で 立って、母牛《ははうし》の ちちを のむ。今《いま》は 春《はる》。ぼく草も どんどん 生（③）きせつだ。

きる　かす　まれる　む　える　やす

①（　　）　②（　　）　③（　　）

2 ――線《せん》の かん字の 読《よ》み方《かた》を、（　）に 書きましょう。 一つ4点【24点】

①
晴《は》れ 後、くもり。（　　）
後から 行《い》く。（　　）
後ろに ならぶ。（　　）

②
空を 見上げる。（　　）
せきが 空く。（　　）
空の はこ。（　　）

3 □の 読《よ》み方《かた》を する かん字を、□に 書《か》き分《わ》けましょう。 一つ4点【24点】

① セン 水平《すいへい》□を すすむ 汽《き》□を 見つめる。

② エン □足《そく》で、どうぶつ□に 行《い》く。

③ コク □語《ご》の 時間《じかん》に □板《ばん》を つかう。

4 ――せんの ことばを、かん字と おくりがなで 書きましょう。 一つ4点【16点】

①
(1) 人が すくない。（　）
(2) 水を すこし 足す。（　）

②
(1) パンを たべる。（　）
(2) 時間《じかん》を くう。（　）

5 つぎの いみの かん字 二字の ことばを □に、読み方を（　）に 書きましょう。 一つ4点【24点】

れい 大きい 空。→ 大空（おおぞら）

① 親《おや》の 鳥《とり》。→ □（　）

② 同《おな》じ 時《とき》。→ □（　）

③ 左と 右。→ □（　）

答え ▶ 87ページ

36 まとめテスト①

名前

月　日

もくひょう 15分

とく点　　点

読む力

1　つぎの　文章《ぶんしょう》を　読《よ》んで、もんだいに　答《こた》えましょう。　一つ5点【30点】

はわい旅行《りょこう》で、ほてるに　ついた　とたん、黒《くろ》い雲《くも》が　もくもく　わいて、かみなりが　ぴかぴか　光《ひか》り、ゴロゴロ　鳴《な》った。雨も　そのうち　□だろう。弟《おとうと》は　耳を　ふさぎ、ぶるぶる　ふるえて　いた。

① まちがえて　ひらがなで　書《か》いた、かたかなで　書く　ことばを　二つ　さがして、かたかなに　書き直《なお》しましょう。

（　　　　）・（　　　　）

② かみなりの　(1)・(2)の　ようすを　あらわす　ことばを　書きぬきましょう。

(1) 音（　　　　）

(2) 光《ひかり》（　　　　）

③ □に　入る、「ふる」と「はじめる」を　組《く》み合《あ》わせた　ことばを　書きましょう。

（　　　　）

④ 「ぶるぶる」は、弟の　どんな　ようすを　あらわしますか。合《あ》う　ものに　○を　つけましょう。

ア（　）かなしむ　　イ（　）おどろく

ウ（　）こわがる　　エ（　）楽《たの》しむ

2

①・②の なかまの ことばを、□から えらんで かん字に 直《なお》して 書《か》きましょう。

一つ5点【40点】

① きせつ……□・□・□・□

② 方角《ほうがく》……□・□・□・□

みなみ	ふゆ	ひがし	にし
はる	きた	あき	なつ

3

二つの 絵《え》の ものを ひらがなで 書くと 同《おな》じに なります。□に 合《あ》う ことばを 書きましょう。

一つ3点【6点】

①

□□

②

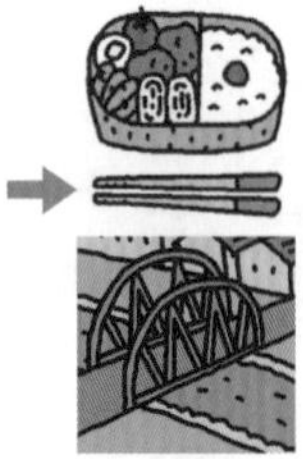

□□

4 書く力

——線《せん》の はんたいの いみの ことばを つかって、絵に 合う 文を 作《つく》りましょう。

一つ8点【24点】

①

ぞうは おもいが、

②

男の子は 多《おお》いが、

③

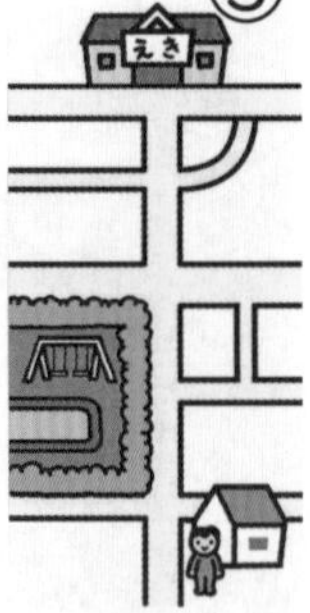

えきまでは 遠《とお》いが、

答え ▶ 87ページ

37 まとめテスト②

名前

もくひょう 15分

月　日

とく点　点

読む力 1

つぎの 文章《ぶんしょう》を 読《よ》んで、もんだいに 答《こた》えましょう。　一つ5点【50点】

> 父《ちち》は、㋐シェフだ。□、父は りょう理《り》に ㋑うるさい。
> この間《あいだ》、父は ぼくに りょう理を 教《おし》えた。目玉やきの やき方《かた》だ。(1)、たまごを さらに わって おく。
> (2)、フライパンに あぶらを 引《ひ》いて 火に かける。
> (3)、たまごを 入れて ふたを して、中火で やく。

① ――線《せん》㋐・㋑の 述語《じゅつご》の 形《かたち》を、下から えらびましょう。

㋐ シェフだ・　　・どう する

㋑ うるさい・　　・どんなだ

　　　　　　　　・なんだ

② □に 入る、文を つなぐ ことばを えらびましょう。

ア（　）でも　イ（　）だから　ウ（　）つまり

③ ……線の 文から、㋐～㋓に あたる ことばを 書《か》きぬきましょう。

㋐だれは（　　）　㋑だれに（　　）　㋒何《なに》を（　　）　㋓どうする（　　）

④ (1)～(3)に 入る ことばを □から えらびましょう。

(1)（　　）　(2)（　　）　(3)（　　）

さい後《ご》に　まず　つぎに

2 上と下で合《あ》うものを、——線《せん》でつなぎましょう。

一つ4点【16点】

① はしゃいだ弟《おとうと》がうさぎのように ・　・光《ひか》る。

② 日をあびて、池《いけ》がかがみのように ・　・とぶ。

③ えものをおうタカが矢《や》みたいに ・　・回《まわ》る。

④ フィギュアスケートでこまみたいに ・　・はねる。

書く力 3 絵《え》を見て、①・②のしつもんに答《こた》える文を、「からです。」をつかって書《か》きましょう。

一つ9点【18点】

① なぜおこっているのですか。

それは、妹《いもうと》に

② どうして本がよごれたのですか。

それは、妹が

書く力 4 「えきまで走《はし》った。」につづく文を、①・②のことばをつかって、絵に合《あ》うように書きましょう。

一つ8点【16点】

えきまで走った。

えきまで走った。

答え ▶ 88ページ

名前

もくひょう 15分

月　日

とく点　点

読む力

1 読《よ》み方《かた》の ちがいに 気をつけて、――線《せん》の かん字の 読み方を 書《か》きましょう。 一つ3点【18点】

北《きた》の ①方角に むかって、れつの ②先頭を 歩《ある》いて いると、③頭上で 鳥《とり》が 鳴《な》いて いた。肉屋《にくや》さんの ④角を まがると、ぼく場《じょう》に ついた。そこには ⑤頭に りっぱな ⑥角を 生やした 牛《うし》が いた。

①（　　）
②（　　）
③（　　）
④（　　）
⑤（　　）
⑥（　　）

2 つぎの かん字の 太《ふと》い 画《かく》は、何画目《なんかくめ》に 書きますか。 一つ4点【8点】

① 番（　　）画目
② 船（　　）画目

3 □に 入る 同《おな》じ 部分《ぶぶん》を、（　）に 書きましょう。 一つ4点【16点】

① □舌・□也（　　）
② □家・□至（　　）
③ □舌・□吾（　　）
④ □父・□尔（　　）

4 二つの かん字を 足して、一つの かん字を 作《つく》りましょう。 一つ3点【12点】

① 日＋寺 ↓ （　　　）

② 夕＋口 ↓ （　　　）

③ 木＋交 ↓ （　　　）

④ 日＋十 ↓ （　　　）

5 □に 形《かたち》の にて いる かん字を 書《か》き分《わ》けましょう。 一つ3点【18点】

① □《き》船《せん》に のって、□《き》もちと □《からだ》を □《やす》める。

② □《たい》陽《よう》の 光《ひかり》が □《いぬ》に 当《あ》たる。

6 れい のように、つぎの ことばの いみを 書きましょう。 一つ4点【16点】

れい 海水《かいすい》……（海《うみ》の 水。）

① 強力《きょうりょく》……（　　　）

② 新雪《しんせつ》……（　　　）

③ 兄弟《きょうだい》……（　　　）

④ 夜間《やかん》……（　　　）

書く力

7 ――線《せん》の ことばを、かん字か、かん字と おくりがなに 直《なお》して、全文《ぜんぶん》を □に 書きましょう。 ぜんぶできて【12点】

母《はは》が、二月よう日の 火《か》よう日は ようが あると はなして いたら、兄《あに》が 学校の はなしを しはじめた。

母が、

答え ▶ 88ページ

答えとアドバイス

おうちの方へ

▼まちがえた問題は、何度も練習させましょう。
▼アドバイスも参考に、お子さまに指導してあげてください。

1 なかまの ことば① 5～6ページ

1 ①父 ②兄 ③弟 ④母 ⑤姉 ⑥妹

2 ①オ ②ウ ③ア ④イ

3 ①首・目・頭・耳・口・顔 ②赤・青・黄・黒・白 ③冬・秋・夏・春 〈順不同〉

4 ①生きもの ②文ぼうぐ ③食べもの

クイズ ③（「月曜日・火曜日…」とも言う。）

アドバイス
1 「父・母」は「親」、「わたし」と「兄・姉・弟・妹」は「子」という言葉でもまとめられます。

2 なかまの ことば② 7～8ページ

1 ①しゃべる・読む・こわす ②少ない・あつい・つまらない

2 ①馬・魚・鳥・牛 ②北・西・南・東 ③弓・刀・矢 〈1・2は順不同〉

3 ①野さい ②なす ③魚 ④かつお ⑤おかし ⑥せんべい

4 ①れい（わたしは、）虫めがねで ちょうちょを 見る。 ②れい（ぼくは、）まどガラスを わった ことを あやまる。

クイズ ②

アドバイス
1 終わりの音が、①「動きを表す言葉」は「ウ段の音」、②「様子を表す言葉」は「い」であることに注目させましょう。

3 かたかなで 書く ことば 9～10ページ

1 ①エ・キ・ク ②ア・イ・コ ③カ・ケ・サ ④ウ・オ・シ

2 ①ロンドン・マラソン・メダル ②ビュービュー（ビュウビュウ）・ドア・ガーガー（ガアガア）

3 ①れい コップが おちて、ガチャンと われた。 ②れい ライオンが ガオーと ほえる。 〈1・2は順不同〉 ③れい エプロンを つけて、ハンバーグを 食べる。

クイズ ②（③は「外国の人の名前」。）

アドバイス
3 それぞれ二つの単語の片仮名が正しく書けているか、文として言葉のつながりが正しいかどうかを確認しましょう。

4 かくにんテスト① 11～12ページ

1 すいす→スイス ぺっと→ペット わんわん→ワンワン ちょこれえと→チョコレート ちいず→チーズ

2 ①れい 生きもの（どうぶつ・生ぶつ） ②れい がっき（楽き） 〈順不同〉

3 ①昼 ②夜 ③午前 ④正午 ⑤午後

4 ①れい（お母さんは、やおやさんで） すいかと ぶどうと ももを 買う。 ②れい（ぼくは、三時の おやつに） ケーキと クッキーと プリンを 食べる。

アドバイス
1 「スイス」は外国の国の名前、「ペット」「チョコレート」「チーズ」は外国から来た言葉、「ワンワン」は動物の鳴き声です。
3 「正午」は「昼の十二時」、「午前」は「夜中の十二時から正午まで」、「午後」は「正午から夜中の十二時まで」です。

5 にた いみの ことば① 13〜14ページ

1 ①ウ ②エ ③ア ④イ

2 ・うるさい(と) さわがしい
・びっくりする(と) おどろく
・むすぶ(と) しばる
・すくう(と) たすける 〈順不同。言葉の上下も順不同〉

3 ①みんな・すべて ②ジャンプする・とぶ
③たずねる・聞く 〈順不同〉

4 ①イ ②ア ③イ

クイズ ③(「お茶をそそぐ。」「お茶をつぐ。」)

アドバイス

2 例えば、「教室が うるさい。」と「教室が さわがしい。」のように文の形にして、意味が似ているかを確認させてもよいでしょう。

4 ③「米が うまい。」の似た意味の言葉であれば、ア「おいしい」になります。

6 にた いみの ことば② 15〜16ページ

1 ①いさましく ②ちょう上・ながめる
③かがやく ④おとなしく

2 ①すわる ②とじる ③たたいて

3 ①ショッピング ②バッグ ③レストラン
④ランチ

4 ①れい おかしを いっぱい もらう。
②れい 今日の ことを 日記に 書く。
③れい 遠足の 用いを する。

クイズ ②(どちらも「間をおかず」という意味。)

アドバイス

3 日本語と外来語での、似た意味の言葉です。

4 似た意味の言葉は、①「いっぱい」の他に「多く」「たっぷり」、②「書く」の他に「つづる」、③「用い」の他に「じゅんび」などがあります。

7 はんたいの いみの ことば① 17〜18ページ

1 ①大きい・小さい ②少ない・多い

2 ①エ ②ウ ③オ ④イ ⑤ア

3 ①かるい ②おそい ③近い(ちかい)
④古い(ふるい)

4 ①くらい ②下がる ③長い(ながい) ④入る

クイズ ③(「前」と「後」が反対の意味の関係。)

アドバイス

2 ①・②・④は「動きを表す言葉」、③・⑤は「様子を表す言葉」の反対の意味の言葉の組になります。

8 はんたいの いみの ことば② 19〜20ページ

1 ①右 ②前 ③女 ④下 ⑤外 ⑥親

2 ①かつ ②しめる (とじる)
③ねる (ねむる) ④しずむ

3 ①(1)かぶる (2)きる (3)はく
②(1)ひくい (2)やすい

4 (森に) 入り、すぐ 右に まがる。まっすぐ行くと、小さくて 古い 家が 見える。

クイズ ②(「暑い(三年で学習)」の反対は「寒い」。)

アドバイス

3 同じ言葉でも、文の中での使われ方によって、反対の言葉が異なる場合があることを、理解させましょう。

9 かくにんテスト② 21〜22ページ

1 ①㋐父親 ㋑くだもの ㋒ちょうせん
②(1)ねる (ねむる) (2)つめたい (ぬるい)
(3)前 (まえ) ③はいて

2 ①道ろ ②うつくしい ③けしき
④たいへん ⑤おいしく

3 ①(兄は、大きくて 強い。弟は、) 小さくて 弱い (よわい)。
②(太くて、高い 大根。) 細くて (ほそくて)、やすい (ごぼう。)

アドバイス

1 ②(2)「熱い」の反対の意味の言葉は、「つめたい」「ぬるい」です。「暑い日」なら「寒い」、「厚い本」なら「薄い」が反対の意味の言葉であることを理解させましょう。
③「くつを ぬぐ」の反対の意味の言葉は、「はく」です。「服を ぬぐ」なら「着る」、「帽子を ぬぐ」なら「かぶる」が反対の意味の言葉になります。

10 同じ 読みで いみの ちがう ことば 23~24ページ

1 ①(1)エ (2)イ ②(1)ウ (2)オ ③(1)カ (2)ア

2 ①はな ②かわ

3 ①(1)れい たねを まく。
(2)れい 毛糸を まく。
②(1)れい 紙を はさみで 切る。
(2)れい 上ぎを きる。

クイズ ③ (①は「箸《はし》」、②は「橋」のこと。)

アドバイス

1 ①(1)「雨」、(2)「飴《あめ》」、②(1)「橋」、(2)「箸」、③(1)「柿」、(2)「牡蠣《かき》」。アクセントも違います。

11 組み合わせた ことば 25~26ページ

1 ①あらいながす ②とびこえる ③ひろいあつめる ④つみかさねる ⑤かけ下りる ⑥おいはらう ⑦切りたおす

2 ①よみはじめる ②かざぐるま ③ふなたび ④うすぐらい

3 ①れい うさぎが 野原を とびはねる。
②れい おちばを ほうきで かきあつめる。

クイズ ③

アドバイス

2 ①下の「はじめる」、③下の「たび」以外は、組み合わせることで語形が変化しています。

12 音や ようすを あらわす ことば① 27~28ページ

1 ①コケコッコー ②ニャーニャー ③ドボン ④カキーン

2 ①ウ ②オ ③エ ④イ ⑤ア

3 ①きらきら ②ぎらぎら ③ぶかぶか ④ぷかぷか

4 ①歩く ②食べる ③とぶ

クイズ ② (②は物の音を表す言葉。)

アドバイス

3 擬態語は、清音・濁音・半濁音によって表す意味合いが変わることがよくあります。

13 音や ようすを あらわす ことば② 29~30ページ

1 ①イ ②エ ③ア ④カ ⑤キ ⑥オ ⑦ウ

2 ①イ ②ア ③イ

3 ①きらきら(と)・すたすた(と)
②ザーザー(ザアザア)・ゴロゴロ〈順不同〉

4 ①れい 大だいこを ドンドン たたく。
②れい かえるが ぴょんぴょん はねる。
③れい こまが くるくる 回る。

クイズ ② (①は歩き回る様子、③は心配する様子。)

アドバイス

2 清音や半濁音より、濁音の擬音語の方が、強い感じを表します。

14 かくにんテスト③ 31~32ページ

1 ①㋐リンリン ㋑ぺらぺら ②あまい・すっぱい

2 ①おりたたむ(おりたたみ) ②早おき

3 ①ぽとんと ②ひらひら ③とぼとぼ ④すたすた

4 ①(1)れい バットを ふる。 (2)れい 雨が ふる。
②(1)れい 馬が かける。 (2)れい おさらが かける。

アドバイス

4 漢字を使うと、①(1)「振る」、(2)「降る」、②(1)「駆ける」、(2)「欠ける」です。いずれもアクセントに違いがあります。

15 だれが どう する(主語・述語)① 33~34ページ

1 ①ころがる ②走る ③さわやかだ ④黒い ⑤朝顔だ

2 ①うかぶ。 ②ほえる。 ③野さいだ。 ④おそい。

3 ①ウ ②ア ③イ

4 ①犬が 走る。
②ばらは とても きれいだ。
③ボールは 丸い。
④コアラは どうぶつだ。
⑤いわしは 魚だ。
⑥あれが デパートだ。
⑦こおりは つめたい。
⑧夜空に 星が 光る。

クイズ ③ (①「どんなだ」、②「どう する」。)

アドバイス

2 それぞれの述語の形は、①・②「どう する」、③「なんだ」、④「どんなだ」です。

16 だれが どう する（主語・述語）② 35～36ページ

1 ①父は けいさつかんです。
②ぼくは 図書館へ 出かけました。
③妹が ピアノを ひく。
④森は いつも しずかだ。
⑤夕日が 海に しずむ。
⑥へやが とても 明るい。

2 ①れい わたしは、友だちと 公園で あそぶ。
②学校の プールの 水は、つめたい。

3 ①先生が、山田さんの 名前を よんだ。
②雨が しとしと ふる。
③あさっては 日曜日だ。
④海は とても おだやかだ。
⑤母が りょう理を 作りはじめる。

4 ①大いそがしです・力もちです ②ぞう（さん）

クイズ ②（主語「ぼうしが」に注目。）

アドバイス
1 述語の形は、①「なんだ」、④・⑥「どんなだ」、その他は「どう する」です。
2 ①文末の「あそぶ。」以外の順序は、入れ替わっていても正解です。

17 だれが 何を どう する 37～38ページ

1 ①ボール ②グローブ ③ボール ④うける

2 ①が・を ②を・が ③が・を ④を・が

3 ①おじいさんが・口ぶえを・ふく
②風が・ぼうしを・ふきとばす
③牛が・草を・食べる

4 ・月が 道を てらす。
・さけが 川を さかのぼる。
・トラックが にもつを はこぶ。〈順不同〉

クイズ ②（述語の「あびる」に注目。）

アドバイス
2 主語になるほうに、「が」を付けます。
4 同じ言葉は二回使えないという条件に注意させましょう。

18 だれが だれに 何を どう する 39～40ページ

1 ①みきさん（が） ②お年より（に） ③せき（を）

2 ①れい はるなが、ゆうとに はさみを かす。
②れい けんたが、お母さんに テストを 見せる。

3 ①㋐ぼくが ㋑森さんに ㋒わたす
②㋐先生が ㋑みんなに ㋒くばる

4 ①ぼくが 父に 九九を 教わる。
②母が 兄に べん当を とどける。
③姉が 妹に バッグを かす。

クイズ ③（「だれに」の部分に注目。）

アドバイス
2 述語の①「かす」、②「見せる」を、「わたす」などにしても正解です。

19 かくにんテスト④ 41～42ページ

1 ①㋐なんだ ㋑どう する ㋒どんなだ
②(1)主語…お母さんが 述語…ねこんだ
(2)主語…子犬は 述語…のんだ
③㋐ぼくが ㋑子犬に ㋒ミルクを ㋓やった

2 ①空が まっかな 夕日に そまる。
②来月 ぼくは、ひこうきで 北海道に 行く。

3 ①お母さん（が） ②おじいちゃん（に）
③プレゼント（を）

4 ①れい 犬が ほえる。②れい 犬が えさを 食べる。
③れい あかりが、犬に えさを やる。

アドバイス
2 ②主語は、文頭にあるとは限りません。

20 文と 文を つなぐ ことば 43～44ページ

1 ①でも ②だから

2 ①そして ②そのうえ ③ところで ④なぜなら

3 ①イ ②ア ③ア

4 ①れい（電車で 行こうか。）それとも、バスで 行こうか。
②れい（高い ねつが 出た。）それで、学校を 休んだ。

クイズ ②（前とは逆のことが後に続く関係。）

アドバイス
2 ④文末の「からだ」に注目させます。
4 ①「それとも」は選択の関係、②「それで」は当然の結果が後に続く関係をつなぐということから考えます。

21 じゅんじょを あらわす ことば 45~46ページ

1 ①はじめに ②つぎに ③おわりに

2 ①二つ目 ②だい二 ③二番目

3 ①3・1・2 ②2・4・1・3

4 ①れい さいしょに せんたくものを あらいます。
②れい それから せんたくものを ほします。
③れい さい後に せんたくものを たたみます。

クイズ ①（「つぎ」は「二番目」という意味。）

アドバイス
3 文頭の言葉に注目させましょう。

22 たとえる 言い方 47~48ページ

1 ①石に なったように ②ちょうのように
③たきのように
④バケツを ひっくりかえしたように
⑤はちの すを つついたように

2 ①赤い ほお ②円い 月 ③小さな 字
④つめたい 手

3 ①かるい ②はやい ③広い ④細い ⑤明るい

4 ①れい 石のように かたい せんべいを かじる。
②れい 馬が 風のように はやく 走る。

クイズ ③（からすは黒さのたとえに使われる。）

アドバイス
2 「～みたいな」も、たとえる言い方です。

23 理由を せつ明する 言い方 49~50ページ

1 ①イ ②ア ③ア

2 ①ウ ②イ ③ア

3 ①入ったからです ②おもしろいからです
③ふり出したからです

4 ①れい ころんで けがを したからです。
②れい 石に つまずいたからです。

クイズ ②（①「ためです」も理由を表す。）

アドバイス
3 ①「入った」、③「ふり出した」という過去を言い表す形に「からです」が付きます。

24 丸・点・「」（かぎ）の つかい方 51~52ページ

1 ①わたしの妹は、もうすぐ四さいになる。
②雨がふってきたので、家に帰った。
③小学校の運動会では、リレーで活やくした。

2 ①(1)ここで、はきものをぬぐ。
(2)ここでは、きものをぬぐ。
②(1)むこうに、はたけがある。
(2)むこうには、たけがある。

3 きのう、学校から帰った後ぐすみれさんと一りん車のれんしゅうをしましたぐ何度もころびましたがぐだんだんうまくのれるようになったのでぐ楽しかったです。

4

	ぼ	く	が	、	け	ん	く	ん	に、
「	う	ち	で	あ	そ	ぼ	う	よ	。」
と	言	う	と	、	け	ん	く	ん	は、
「	三	時	に	行	く	ね	。」		
と	答	え	ま	し	た	。			

クイズ ②（①は文末、③は会話などに付ける。）

アドバイス
4 会話は、改行して、「」を付けて書くというきまりを覚えさせましょう。

25 かくにんテスト⑤ 53~54ページ

1 ①たき ②でも
③ゴールの そばに いた 兄は、とても くやしそうな 顔を して いた。
④（それは、さい後に）ぬかれて 二着に なったからです。

2 ①まず ②つぎに ③さい後に

3 ①ウ ②ア ③エ ④イ

4 ①れい （一生けんめい 勉強した。）だから、百点が とれた。
②れい （一生けんめい 勉強した。）しかし、四十点しか とれなかった。

アドバイス
1 ③長めの文なので、主語の下に点を入れたほうが読みやすい文になります。
4 ①「だから」は前の内容から当然のことが後に続く関係、②「しかし」は当然ではないことが後に続く関係をつなぐ言葉です。

26 画と 書きじゅん 55～56ページ

1 ①3 ②4 ③4 ④8

2 ①ア ②イ ③イ ④ア ⑤(1)ア (2)ア

3 ①右・5 ②左・5 ③山・3 ④女・3 ⑤糸・6 ⑥馬・10

4 ①イ ②ア

5 ①3 ②1 ③4 ④5

クイズ ①（書き順は「丨十中出出」。）

アドバイス
1 ③「亅オ才水」と4画で書きます。
3 形の似た①「右」と②「左」の一画目の違いに注意させましょう。

27 同じ 部分を もつ かん字 57～58ページ

1 ①絵・紙・線・細 ②話・語・読・記

2 ①𠆢 ②門 ③氵 ④子 ⑤女 ⑥木

3 ①見・斤 ②早・化 ③可・乍

4 ①ア週 イ遠 ウ通 エ近 ②ア名 イ古 ウ台 エ右

クイズ ①（「明」「曜」「時」となる。）

アドバイス
1 ①「糸（いとへん）」と、②「言（ごんべん）」が共通する漢字の部分です。
2 ⑥「本」も「木」の部分を持つ漢字です。

28 組み合わせて できて いる かん字 59～60ページ

1 ①林 ②絵 ③切 ④男 ⑤岩

2 ①鳴 ②答 ③理 ④草

3 ①日・生 ②売・言 ③門・耳 ④市・女

4 ①ア思 イ細 ②ア晴 イ間 〈順不同〉

クイズ ①（「計」となる。）

アドバイス
1 ①～③は左右、④・⑤は上下に組み合わせることで漢字ができます。

29 形の にて いる かん字 61～62ページ

1 ①午・入 ②体・毛 ③王・刀

2 ①ア百 イ白 ②ア肉 イ内 ③ア小 イ少

3 ①止 ②方 ③太 ④汽

4 字→学・九→丸・右→石・貝→見

クイズ ③（「自分」という熟語になる。）

アドバイス
3 ③「太」の点を忘れて「大」と書く間違いが非常に多いので、注意させましょう。

30 かくにんテスト⑥ 63～64ページ

1 新→親・中→虫・大→太・本→木・牛→午・工→土

2 ①刀・切 ②弓・引 ③晴・日 ④毎・海 ⑤雨・雪

3 ①理 ②明 ③鳴 ④音

4 ①2 ②3 ③4 ④1

5 ①イ ②イ ③ア ④イ

アドバイス
1 「新」と「親」は「しん」、「中」と「虫」は「ちゅう」、「大」と「太」は「たい」という同じ読みを持つので、注意させましょう。
2 どちらかの漢字全体が、もう一つの漢字にふくまれていることに注目させましょう。

31 いろいろな 読み方を もつ かん字 65～66ページ

1 上…①うえ ②うわ ③あ ④のぼ ⑤じょう ⑥かみ
下…①した・お ②さ ③くだ ④か ⑤げ ⑥しも

2 ①なに・なん ②さかな・うお

3 ①友 ②野 ③毛 ④方 ⑤市 ⑥鳥 ⑦場

4 ①はちがつようか ②にちようび ③はっ ④さんかくけい（さんかっけい） ⑤かたち ⑥にんぎょう

クイズ ③（①「おんしょく」とも読めるが、問題は「色＝いろ」なので不可。）

アドバイス
1 訓読みがたくさんある漢字は、送り仮名に注意させましょう。
4 「八」「日」「形」に複数ある読み方を、しっかり確認させましょう。

32 同じ 読み方を する かん字 67～68ページ

1 ①朝・鳥・長 ②校・公・工

2 ①とう ②めい ③てん ④しん

3 ①家 ②岩 ③絵 ④船

4 ①㋐晴 ㋑青 ㋒星 ㋓正 ㋔声
②㋐市 ㋑子 ㋒四 ㋓止 ㋔紙

クイズ ①（①「角」は「かく」と読む。）

アドバイス

3 □の漢字は、それぞれ①「か」、②「がん」、③「かい」、④「せん」という同じ読み方を持っています。

33 おくりがな 69～70ページ

1 ①う・い・は ②あ・あか・あき ③はい・い

2 ①(1)出る (2)出す ②(1)回る (2)回す

3 ①(1)教える (2)教わる ②(1)細い (2)細かい
③(1)行く (2)行う

4 下ろすと（下ろす）・分かれて（分かれ）・少なく

クイズ ③

アドバイス

2 上の言葉の「～が」の形が主語を表すことを理解させましょう。

34 二つの かん字で できて いる ことば 71～72ページ

1 弓矢・谷川・雨天・先生・公園・名前 〈順不同〉

2 ①毛糸・けいと ②白線・はくせん
③大木・たいぼく ④海水・かいすい

3 ①空 ②週 ③朝

4 ①小石 ②高山 ③休日 ④日光

5 ①古い 本。 ②牛の 肉。
③多い（多くの） 数。④大きな（大きい） 国。
⑤親しい 友。 ⑥強い 風。

クイズ ①（②「手首」、③「足首」となる。）

アドバイス

2 ①「毛《け》の糸《いと》。」→「毛《け》糸《いと》」のように読み方が変わらないものもありますが、③「大《おお》きな木《き》。」→「大木《たいぼく》」のように読み方が変わるものも多いので注意させましょう。

35 かくにんテスト⑦ 73～74ページ

1 ①まれる ②きる ③える

2 ①のち・あと・うし ②そら・あ・から

3 ①線・船 ②遠・園 ③国・黒

4 ①(1)少ない (2)少し ②(1)食べる (2)食う

5 ①親鳥・おやどり ②同時・どうじ
③左右・さゆう

アドバイス

1 それぞれ文中に入る適切な言葉を考えさせます。漢字の読み方は、①「生《う》まれる」、②「生《い》きる」、③「生《は》える」です。

5 ③「右左」の場合は、読み方は「みぎひだり」です。

36 まとめテスト① 75～76ページ

1 ①ハワイ・ホテル 〈①順不同〉
②(1)ゴロゴロ (2)ぴかぴか
③ふりはじめる
④ウ

2 ①冬・春・秋・夏
②南・東・西・北 〈順不同〉

3 ①あめ ②はし

4 ①れい（ぞうは おもいが、）ねずみは かるい。
②れい（男の子は 多いが、）女の子は 少ない。
③れい（えきまでは 遠いが、）公園までは 近い。

アドバイス

1 ①「ハワイ」は外国の土地の名前、「ホテル」は外国から来た言葉です。
②「ゴロゴロ」の後に「鳴った」とあることと、片仮名であることに注目させましょう。

2 ①「春夏秋冬」、②「東西南北」という四字熟語があることも教えましょう。

3 ①上は「雨」、下は「飴《あめ》」、②上は「箸《はし》」、下は「橋」で、アクセントも違います。

4 反対の意味の言葉の組は、①「おもい↕かるい」、②「多い↕少ない」、③「遠い↕近い」になります。

37 まとめテスト② 77〜78ページ

1 ①㋐なんだ ㋑どんなだ
②イ
③㋐父は ㋑ぼくに ㋒りょう理を ㋓教えた
④(1)まず (2)つぎに (3)さい後に

2 ①はねる ②光る
③とぶ ④回る

3 ①れい（それは、妹に） 本を よごされたからです。
②れい（それは、妹が） ジュースを こぼして しまったからです。

4 ①れい（えきまで 走った。）でも、電車にのれなかった。
②れい（えきまで 走った。）それで、電車にのれた。

アドバイス

1 ①㋐「シェフだ」は「父が」何かを表すので「なんだ」、㋑「うるさい」は「様子を表す言葉」なので「どんなだ」にあたります。
②「父がシェフだ。」から、予想されることとして自然な「りょう理にうるさい。」という内容が続いているので、「だから」が入ります。
③「～は」「～に」「～を」という言葉の形に注目させましょう。
④(1)「まず」は「最初に」、(2)「つぎに」は「二番目に」という意味を表す言葉です。

2 ①「うさぎのように」、②「かがみのように」、③「矢みたいに」、④「こまみたいに」がたとえている部分です。そのたとえに合う、動きを表す言葉を選ばせましょう。

3 「なぜ～か。」「どうして～か。」と理由をたずねる質問に対して、「それは、～からです。」と理由を説明する答え方を覚えさせましょう。

4 ①「でも」は、前から予想される内容とは逆のことが後に続く関係、②「それで」は、前から予想される内容から当然なことが後に続く関係をつなぐ言葉です。

38 まとめテスト③ 79〜80ページ

1 ①ほうがく ②せんとう ③ずじょう
④かど ⑤あたま ⑥つの

2 ①10 ②6

3 ①氵 ②宀 ③訁 ④亠

4 ①時 ②名 ③校 ④早

5 ①汽・気・体・休
②太・犬

6 ①強い 力。
②新しい 雪。
③兄と 弟。
④夜の 間。

7
　母が、二月八日の火曜日は
用があると話していたら、兄
が学校の話をしはじめた。

アドバイス

1 「角」には「かく・かど・つの」、「頭」には「とう・ず・あたま」という複数の読み方があることを確認させましょう。

2 それぞれ書き順は次の通りです。
① 一 ㇀ 𠂉 乊 平 乎 采 采 畨 番 番 番
② ノ 丿 ⺆ 月 舟 舟 舟 舟 舡 船 船

3 ①「氵（さんずい）」が入って「活・池」、②「宀（うかんむり）」が入って「家・室」、③「訁（ごんべん）」が入って「話・語」、④「亠（なべぶた）」が入って「交・京」となります。①と③は「舌」が同じなので、もう一つの漢字の部分と合わせて考えさせます。

4 ①・③は左右、②・④は上下に漢字を組み合わせます。

5 ②「太陽」の「太」は、形の似ている「大」とも間違えやすいので注意させます。

6 音読みの熟語を訓読みの言い方に変えて、意味を理解させると効果的です。

7 「八」「曜」「用」は、どれも「よう」という読み方を持っています。「話」は、動きを表すときは、「話して」などと「し」が送り仮名になることに注意させます。